beck'sche
reihe

**b**

Hat man Musik schon immer so notiert wie heute? Warum gibt es so viele Bratscherwitze? Sind Nationalhymnen Kunst? Gibt es Instrumente für Männer und Frauen? Singen die Planeten? Wann ist Musik alt? Wann ist Musik neu? Ist Musik eine universale Sprache?

Allen, die schon immer Grundlegendes über klassische Musik wissen wollten, sich bisher aber nicht zu fragen trauten, sei das kleine Buch empfohlen. Das Buch enthält einfache Fragen, die manchmal nicht leicht zu beantworten sind – und schwierige Fragen mit überraschend klaren Antworten. Es lädt Sie ein, die Welt der klassischen Musik zu betreten. Es wird Ihre Aufmerksamkeit für klassische Musik verändern, Ihr Zuhören ermuntern und Ihre Neugier wecken. Schließlich ist Musik «das Geräusch, das denkt», wie Victor Hugo einmal schrieb.

*Annette Kreutziger-Herr* ist Professorin für Musik- und Kulturwissenschaft an der Hochschule für Musik Köln.
*Winfried Bönig* ist Professor für Orgel an der Hochschule für Musik Köln und Titularorganist am Kölner Dom.

Herausgegeben von
Annette Kreutziger-Herr und Winfried Bönig
in Verbindung mit
Tilmann Claus und Gerald Hambitzer

Die 101 wichtigsten Fragen

# Klassische Musik

Verlag C. H. Beck

Mit 16 Abbildungen, 1 Orchesterskizze und
1 Epochenübersicht im Text

Die Autorinnen und Autoren dieses Bandes haben eine Liste mit CD-Einspielungen ihrer Hörempfehlungen zusammengestellt und werden diese pflegen und bei Bedarf aktualisieren. Diese Liste kann über die Verlagshomepage *www.chbeck.de* aufgerufen werden. Bitte geben Sie dazu den Autorennamen in das Suchfeld ein, lassen sich zum Titel führen und rufen ihn durch einfaches Anklicken auf. In der Rubrik «Mehr zum Buch» finden Sie den Link, der die Liste öffnet.

Originalausgabe
© Verlag C. H. Beck oHG, München 2009
Satz: Fotosatz Reinhard Amann, Aichstetten
Druck und Bindung: Druckerei C. H. Beck, Nördlingen
Umschlagentwurf: malsyteufel, willich
Umschlagabbildung: Franz von Stuck, *Dissonanz*, 1910,
© Museum Villa Stuck, München
Printed in Germany
ISBN 978 3 406 58386 5

*www.beck.de*

# Inhalt

## Musik als Beruf

## Im Konzert

## Oper

## Kompositionen und Komponisten durch die Jahrhunderte

## Instrumente, Orchester und Chor

## Über Musik hinaus

# Vorwort

Wie eine Quadratur des Kreises erscheint die Reduzierung des uner-
schöpflichen Themas Klassische Musik auf 101 Fragen. Musik ist ein
irdisches Thema, aber so komplex, dass es Außerirdische regelmäßig
vor Rätsel stellt. So beobachten sie in Arthur C. Clarkes Roman
*Childhood's End*, dass Musik eine zentrale Bedeutung hat, aber sie verstehen diese Bedeutung nicht. Auch in *Star Trek* und in *Terra* spielt
die Musik der Erdlinge eine Rolle. Bei Stefano Benni interpretieren
Außerirdische das Abschreiten einer Ehrengarde und Anhören der
Nationalmusik als Mutprobe, indem hier ein Besucher eines anderen
Volkes ungerührt an grimmig dreinblickenden Menschen vorüber-
gehen muss, um am Ende seine Lieblingsmusik vorgespielt zu be-
kommen. Noch rätselhafter würde Außerirdischen die Menschheit
erscheinen, wenn sie wüssten, dass Musik nicht nur konkret in
Opernhäusern und bei Staatsbesuchen, nicht nur in Fahrstühlen,
MP3-Playern und von Kirchenglocken ertönt, sondern auch heim-
lich gesungen und gesummt wird, wie Lars Gustafsson rührend in
*The Tennis Players* beschreibt. Musik besitzt sogar eine unsichtbare
Präsenz in den Köpfen der Menschen. Die Erde, ein durch und durch
musikalischer Planet!

Es gibt also Fragen über Fragen: Warum haben nicht alle Kulturen
das Rad erfunden, aber alle Völker der Erde eine eigene Musikkultur?
Gibt es gute oder schlechte Musik – oder kann man diese Frage auch
anders formulieren? Ist Kunstmusik wichtiger als Unterhaltungsmusik? Hat mittelalterliche Musik etwas mit uns zu tun? Ist die Wiener Schule eine Schule? Was ist so faszinierend an der Oper? Ist Musik
eine Ware oder ein Kulturgut? Macht es einen Unterschied, ob Musik
mündlich überliefert, auf Papier aufgeschrieben oder auf Tonträgern
gespeichert wird?

Eine konstruktive Herausforderung war es, Ihre Fragen, liebe Lese-
rin, lieber Leser, zu erraten und nach unserem Wissen, aber auch nach
unserem Urteil zu beantworten – wir hoffen, dass dieses Buch nicht
nur den Sachverstand der Autoren widerspiegelt, sondern auch deren
Begeisterung für dieses unerschöpfliche Thema. Einen eigenen Artikel wäre es wert, die engagierten und lehrreichen Diskussionen über

die 101 Themen zu dokumentieren, mit denen so manche Seminarstunde an der Kölner Hochschule für Musik mehr als ausgefüllt war.

Wir Herausgeber sind zu großem Dank unseren Kollegen Prof. Gerald Hambitzer (Leitung des Studiengangs Alte Musik an der HfM Köln) und Prof. Tilmann Claus (Professor für Tonsatz an der HfM Köln) verpflichtet. Mit Abenteuergeist und Kollegialität entstanden sowohl der Fragenkatalog als auch ein substantieller Anteil der Antworten. Auch die Literaturhinweise und die subjektive Liste der von uns empfohlenen Kompositionen entstanden im gemeinsamen Gedankenaustausch und im Respekt vor der Individualität der Kollegen. Aber auch Studentinnen und Studenten unserer Hochschule haben durch ihre engagierte Mitarbeit Inhalt und Gestalt des vorliegenden Bandes mit geprägt. Wir danken für aktiven und verlässlichen Einsatz sowie sehr gute Textvorlagen Gesa Finke, die auch die Koordination unterstützt hat, Katrin Losleben, Ines Hürter, Andreas Winkler, Thomas Mika, Björn Sauren und Christoph Müller-Oberhäuser sowie Anja Städtler und Clemens Mertes, die zusätzlich zu ihren vorzüglichen Texten die Epochenübersicht vorbereitet haben. Artikelvorlagen und frische Diskussionsbeiträge kamen von Charlotte Barden, Anke Beyl, Martin Brenne, Lena Gerwers, Thomas Jung und Daniel Kemminer. Die Endfassung verantworten die beiden Herausgeber.

Hochschule für Musik Köln, im Januar 2009

*Annette Kreutziger-Herr und Winfried Bönig*

# Grundlagen der Musik

**1. Seit wann gibt es Musik und was ist das eigentlich?** Der griechische Ursprungsmythos zur Musik liest sich so: Die Musik wurde den Menschen von Apoll und den Musen gegeben; der Götterbote Hermes brachte die Lyra, die Kriegsgöttin Athene Trompete und Schalmei und der Hirtengott Pan die Flöte in die Welt. In der indischen Mythologie erfand die Göttin Sarasvati die Tonleiter, und den Chinesen wurde sie von einem Wundervogel geschenkt.

Definiert man Musik elementar als bewegte Luft, die in einem bestimmten kulturellen Kontext als Kunstform wahrgenommen wird, ist sie so alt wie der Mensch selbst. Vielleicht konnte der Mensch singen, bevor er zu sprechen und zu schreiben begann? Vermutlich stellten die Menschen schnell fest, dass man durch Schlagen, Anblasen oder Reiben über Gegenstände Klänge und Töne erzeugen und sich damit verständigen kann.

Die ältesten archäologisch identifizierten Musikinstrumente stammen aus der Altsteinzeit, sie sind etwa 35 000 Jahre alt und ihre Fundorte über den gesamten Erdball verteilt. Vom Schwirrholz (jeder kennt wohl das Geräusch, das entsteht, wenn ein Stab sehr schnell durch die Luft geschwungen wird) und dem Schraper (ein Stab wird an einem anderen Stab mit Einkerbungen gerieben), von Rasseln, Tierhörnern und Glocken bis zur Knochenflöte, Musikbögen und dem Instrumentarium, wie wir es heute kennen, vergehen die Jahrtausende – grundsätzlich geändert an der Art der Schallerzeugung hat sich nichts.

Erste Aufzeichnungen musikalischer Praxis finden sich in einer ägyptischen Bilderschrift aus dem 3. Jahrhundert vor Christus; in der Antike entstehen auch erste theoretische Schriften über Musik in Dichtung und Geschichtsschreibung. Dabei ist Musik in den frühen Hochkulturen stets kultisch gebunden und wird erst sehr spät eine ästhetische Ausdruckskunst um ihrer selbst willen. Wann immer die Musik in der Geschichte auftritt, ist sie etwas Besonderes, etwas Edles, sie zählt immer zu den Kulturgütern eines Volkes. Denn wie der Mensch den Acker bebaut und der Natur die überlebenswichtige Nahrung entlockt, so kultiviert (lateinisch *colere* = anbauen, pflegen) er auch die Welt der Klänge.

**2. Was ist klassische Musik?** Auch wenn es in der Umgangssprache langsam ausstirbt, ist jenes Wort immer noch zu hören, das etwas Schönes oder Beeindruckendes bezeichnet: «Klasse!» Im eigentlichen Wortsinn bedeutet «klassisch» vollkommen, ausgewogen, formvollendet, und auch wenn der Ausruf heute oft nicht mehr genau das meint, schwingt diese Idee der inneren und äußeren Perfektion doch noch mit. In der Musikgeschichte wird die Epoche von circa 1730 bis 1830 «Klassik» genannt, weil in dieser Zeit die perfekte Ausgewogenheit aller denkbaren musikalischen Bausteine angestrebt wurde: Rhythmus, Melodik, Harmonik und Form sollten sich aufeinander beziehen, ohne dass einer dieser sogenannten Parameter dominierte. In den Gattungen der Sonate (etwa Mozarts berühmter *Sonata facile* KV 545 für Klavier), der Symphonie (zum Beispiel in den späten *Londoner Symphonien* Haydns) oder dem Konzert (hier sei als eines der schönsten Beispiele der erste Satz aus Beethovens Violinkonzert D-Dur genannt) kann man die Verwirklichung dieses Ziels sehen. Die Epoche brachte nicht zufällig das Streichquartett mit seinem reinen und in den jeweiligen Stimmlagen gleichartigen Klang hervor. Das soll nicht heißen, dass Kompositionen aus anderen Epochen weniger perfekt sind. Die klassische Ausgewogenheit ist nicht das Ziel einer Barbara Strozzi, eines Claudio Monteverdi oder auch eines Peter Iljitsch Tschaikowski. In der Barockzeit dominieren die harmonischen und rhythmischen Elemente statt der Melodik. Selbst Bachverehrer würden sich schwer tun, spontan eine «Melodie» von Bach zu pfeifen – wie viel leichter ist das bei Mozart! Die Musik der Romantik betont insgesamt weniger den Rhythmus als Harmonik und Melodik. Zur klassischen Musik zählen also eigentlich nur die Werke eines Zeitraums von etwa hundert Jahren. In dieser Definition gebrauchen Fachleute denn auch diesen Begriff. Umgangssprachlich wurde «klassisch» dann auf alle Musik übertragen, die nicht Pop, Rock oder Jazz ist – eine Ungenauigkeit, die man angesichts der oben beschriebenen eigentlichen Wortbedeutung ruhig als Kompliment betrachten kann, denn auch Händel und Verdi finden viele Hörer ja «klasse».

**3. Was ist das Besondere der klassischen europäischen Musik?**
Musik zählt zu den prägenden Elementen des menschlichen Lebens. Bei allen Unterschieden ist Musik kulturübergreifend im Alltag und bei Festen präsent. Neben ihrer Verwendung als «Gebrauchsmusik» erscheint Musik in allen Kulturen als hochdifferenzierte Kunst-

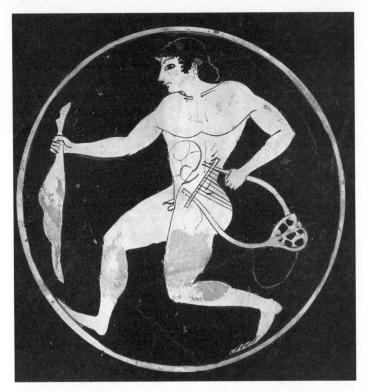

*Abb. 1:* Laufender Junge mit Lammkeule und Lyra. Keramik, um 500 vor Christus. Die Keramik wird im British Museum, London, aufbewahrt. Die Lyra ist ein antikes Saiteninstrument aus der Familie der Leier, das mit einem Plektrum gespielt wird und in zwei Ausführungen überliefert ist: Chelys (mit Resonanzkörper in Form einer Schildkrötenschale) und Barbitos (mit langen, aufeinander zustrebenden Armen). Die Abbildung zeigt die Barbitos.

form. Musiker haben oft einen besonderen Stellenwert in der Gesellschaft, ihre Kunst wird hoch geschätzt. Was aber zeichnet die europäische Musik im Vergleich mit anderen Musikkulturen der Welt aus?

Auch wenn es bereits in der Antike theoretische Überlegungen zur Musik gab, so ist doch die Geschichte der europäischen Musik eng mit der Entstehung des Christentums verknüpft. Von religiösen Riten ausgehend entwickelten sich geistliche Musik und Volksmusik bald unabhängig voneinander, wenngleich sich auch weitreichende Neuerungen wie die Erfindung der Notenschrift und die Entstehung der Mehrstimmigkeit auf beide Seiten auswirkten. Ohne Notenschrift und ihre kontinuierliche theoretische Begründung wäre eine komplexe Mehrstimmigkeit nicht denkbar, die ein erstes besonderes Charakteristikum der europäischen Musik ist. Über die Homophonie, bei der mehrere Stimmen einer führenden Stimme untergeordnet sind, entstand die für die europäische Musik so prägende Polyphonie, die alle beteiligten Stimmen nach festgesetzten Regeln gleichberechtigt behandelt (Kontrapunkt). Homophone wie polyphone Musik benutzen periodische Klänge (Töne) statt Geräusche und basieren auf einem Tonsystem, das aus konsonanten Intervallen besteht. Eine wesentliche Errungenschaft der europäischen Musikgeschichte ist die Begründung einer Hierarchie der Töne mit einem Zentralton, auf den alle musikalischen Ereignisse bezogen werden. Die Entwicklung der Zwölftontechnik im 20. Jahrhundert hat versuchsweise die bis dahin gültige Tonalität ersetzt, aber erst neue musikalische Techniken waren hier erfolgreicher. Musik ist in Europa des Weiteren stets Theorie- und Gesprächsobjekt, eingebunden und gelehrt in Institutionen und gestaltet sowohl durch praktische als auch durch theoretische Entwicklungen. Ohne die Geschichte der Musiktheorie und die Praxis der Musikkritik ist die klassische Musik in der Form, wie wir sie kennen, nicht vorstellbar.

Zusätzlich zu diesen grundsätzlichen Merkmalen ist der Formgedanke wichtig: Musikstücke der europäischen Tradition brauchen ein Ende, das das Ziel des Stückes ist. Daher haben Kompositionen einen Anfang, eine Mitte und einen Abschluss, was einfacher klingt, als es kompositorisch umzusetzen ist. An diesen Formgedanken sind auch die Gleichmäßigkeit der rhythmischen Pulse und ihre Hierarchie in Takten und Taktgruppen geknüpft, die ebenfalls charakteristisch für die klassische Musik Europas sind. In den einzelnen Nationalstilen entwickeln sich auf der Grundlage von Notenschrift, Tonalität und gleichmäßigem rhythmischen Puls unterschiedliche musikalische Formen in zahllosen individuellen Ausprägungen, die allesamt die europäische Musik auszeichnen. Die vielleicht bedeutendste Leistung europäischer Musikgeschichte ist es, dass Musik nicht nur als Gebrauchsmusik wahrgenommen, sondern auch um ihrer selbst willen gehört wird.

**4. Aus welchen Elementen besteht die Musik?** Grundelemente von Musik sind Töne, Klänge und seit dem 20. Jahrhundert auch Geräusche: Ohne etwas Klingendes käme man nicht auf die Idee, von Musik zu sprechen. Umgekehrt würde allerdings niemand jeden Ton, Klang oder Geräusch als Musik wahrnehmen. Vielmehr wird erwartet, dass aus diesen Grundelementen durch einen schöpferischen Prozess etwas entsteht, das als sinnvoll Gestaltetes wahrgenommen werden kann. Da ist zunächst das Element der *Tonhöhe*, also die Angabe, wie hoch oder tief ein Ton erklingen soll. Dies wird im Notentext durch einen Notenschlüssel und die Lage der Note auf den fünf Linien festgelegt. Auch die zeitliche Folge wird bestimmt: Klingen die Töne nacheinander, entsteht *Melodie,* klingen sie zusammen, spricht man von *Harmonie.*

Durch den *Rhythmus* wird die zeitliche Dauer der einzelnen Töne und Klänge festgelegt. Dargestellt wird die Tondauer durch unterschiedliche Notenformen: ausgefüllte oder hohle Notenköpfe mit oder ohne Notenhals, mit oder ohne Fähnchen. Jedes dieser Zeichen steht für eine unterschiedliche Dauer der Töne.

Der zeitliche Ablauf wird – ähnlich wie in der Dichtung – mit einer Folge von regelmäßigen Betonungen unterlegt, dem *Metrum.* In der musikalischen Schrift wird das Metrum durch die Taktangabe definiert, die am Beginn eines jeden Stücks erscheint und durch die Taktstriche dargestellt wird.

Das *Tempo* schließlich gibt die Geschwindigkeit an, mit der der regelmäßige Puls des Metrums schlägt. Seit der Mitte des 17. Jahrhunderts ist es üblich, den Stücken hierzu eine kurze Bezeichnung wie *Allegro* (heiter) oder *Andante* (gehend) voranzustellen, die das Tempo durch eine Charakterisierung der Bewegung umschreibt. Mit der Einführung des Metronoms um 1800 ist man noch einen Schritt weiter gegangen, indem man genaue Angaben über das Tempo in Schlägen pro Minute macht.

Ebenfalls ab der Mitte des 17. Jahrhunderts begann man, die *Dynamik,* also die Grade der Tonstärke, genauer darzustellen: Nur leise oder laut reichten nicht mehr aus. Um dem differenzierteren Ausdrucksbedürfnis und den erweiterten technischen Möglichkeiten der Instrumente und Instrumentalisten gerecht zu werden, entwickelte sich eine Reihe von dynamischen Abstufungen, von ganz leise bis sehr laut. In der Partitur werden diese Angaben durch Abkürzungen der italienischen Bezeichnungen neben den Noten angegeben: *f* für forte (laut), *mf* für *mezzo forte* (halblaut) oder *p* für *piano* (leise). In Kompositionen des italienischen Komponisten Luigi Nono – zum Beispiel in seinem Streichquartett *Fragmente – Stille, An Diotima* (1979/80) oder dem *Prometeo – Tragedia dell'ascolto* (1984) für Chor, Orchester und Live-Elektronik – findet sich bis zu fünffaches piano.

## 5. Welche Bedeutung hat der Ambitus in der Musik?

Der Ambitus bezeichnet den Tonumfang eines Stückes – und die Geschichte der Ambituserweiterung ist auch eine Geschichte der kontinuierlichen Erweiterung der Mittel im musikalischen Bereich. Gehen die gregorianischen, einstimmigen Gesänge nur selten über einen Raum von circa zwölf Tönen hinaus – ein Umfang, den die menschliche Stimme problemlos meistern kann –, waren nach einer stetigen Ausweitung des Instrumentariums und der spieltechnischen Möglichkeiten im 17. Jahrhundert mit den großen Orgeln des norddeutschen Raums die Grenzen der Hörbarkeit erreicht: Die größten und kleinsten Pfeifen dieser Instrumente ließen Töne mit 16 beziehungsweise 20 000 Hertz erklingen. Selbst im späteren großen Orchester der Romantik um 1900 wurde dieser Umfang nicht mehr überschritten.

Eine weitere, wesentlich differenziertere Betrachtung erfordert jedoch der von einzelnen Instrumenten erreichbare Ambitus. Ist an den Tasteninstrumenten der zu spielende Tonbereich für die technische Schwierigkeit unerheblich, stellt das Spielen an der oberen erreichbaren Grenze etwa bei der Violine oder der Trompete hohe technische Anforderungen und wird von Komponisten gerne als beeindruckender Effekt genutzt. Auch das hohe «C» eines Tenors ist sprichwörtlich. Die Gesänge der Hildegard von Bingen sind unter anderem deshalb so eindrucksvoll, weil sie einen für das Mittelalter überaus großen Ambitus aufweisen. Die Arie *Laudamus te* aus Bachs h-moll-Messe ist ungewöhnlich, weil hier die Violine in die höchste Lage der damaligen Geigen-Literatur geführt wird. Ist hier durch den Text noch ein innerer Grund für den «Hochjubel» der Geige zu finden, dienen zum Beispiel in Niccolò Paganinis vierundzwanzig *Caprices* für Violine solche Künste ausschließlich der Präsentation technischer Wunder. Doch auch diese «sportlichen» Aspekte des Spiels gehören zu den künstlerischen Elementen einer Aufführung.

**6. Was war zuerst – die Trommel oder die Flöte?** Im Jahr 2004 ging eine spektakuläre Meldung durch die Medien: Eine Flöte aus Mammut-Elfenbein wurde in einer Höhle in der Schwäbischen Alb gefunden. Es handelt sich dabei um eines der ältesten Musikinstrumente, laut Experten circa 35 000 Jahre alt.

Mit dem Faszinosum der urzeitlichen Musik beschäftigt sich die Fachrichtung «Musikarchäologie». Auch wenn es keine Funde entsprechenden Alters gibt: Man geht in der Wissenschaft davon aus, dass rhythmische Instrumente benutzt wurden, lange bevor es Melodieinstrumente wie Flöte oder Trompete gab. Eine Erklärung für den Mangel an Beweisstücken ist, dass zum Klopfen eines Rhythmus nur ein Stock nötig ist. Als Trommel könnte beispielsweise ein hohler Baumstamm benutzt worden sein, der für heutige Forscher nicht mehr als Musikinstrument erkennbar ist. Darüber hinaus gilt die enge Verbindung zwischen Wort und Ton als originär. Sprachwissenschaftler vermuten, dass sprachliche Rhythmen und Melodien mit Instrumenten begleitet und variiert wurden.

Erste Formen von Zweistimmigkeit, die eine wichtige Neuerung darstellte, sind von nordischen Völkern bekannt. Sogenannte Luren, Blasinstrumente aus Bronze, wurden unter anderem in Schweden, Dänemark und Norddeutschland gefunden. Meistens fand man gleich zwei Instrumente, deren Klänge eindeutig harmonisch aufeinander abgestimmt waren. Ihr Bau wird auf das 13. bis 7. Jahrhundert vor Christus datiert.

**7. Hat man Musik immer schon so notiert wie heute?** So, wie sich die Vorstellungen davon, was Musik überhaupt ist, wandeln, hat sich auch die Form, in der Musik aufgeschrieben wird, im Laufe der Zeit verändert. Dabei verhalten sich Notation und Musik zueinander wie Henne und Ei: Ob zuerst eine neue Notation andere Arten von Musik ermöglicht oder ob eine neue Art von Musik eine andere Art der Notation hervorbringt, ist nicht ausgemacht. Eine erste, wichtige Station der Aufzeichnung europäischer Musik sind die Neumen, mit denen der einstimmige Gregorianische Choral seit dem 8. Jahrhundert notiert wird. Davor wurde Musik jahrhundertelang ausschließlich mündlich überliefert. Die Neumen sind eine Notenschrift, die die Tonhöhe und den Charakter der Musik wiedergibt, die aber keine Angaben zu dem genauen Rhythmus und der Metrik machen kann und keine Mehrstimmigkeit zulässt. Dies ermöglichen in Maßen erst

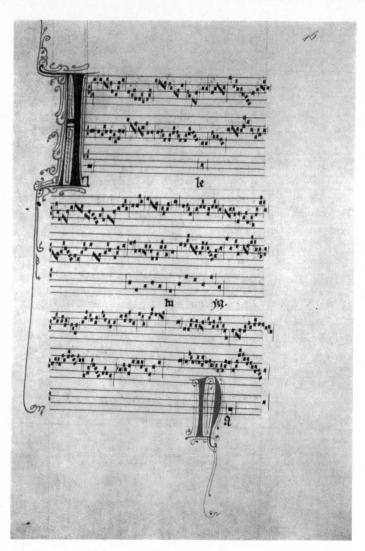

*Abb. 2:* Organum *Alleluia nativitas* aus einer französischen Handschrift, entstanden um 1200. Das Stück wird Perotinus zugeschrieben, einem Vertreter der Schule von Notre-Dame. Es zeigt Modalnotation, die für die damaligen Musiker auch ohne Taktstriche bestens les- und ausführbar war. Die Handschrift wird heute in der Herzog-August-Bibliothek in Wolfenbüttel aufbewahrt.

die Mensuralnotationen, die die Musik des Mittelalters prägen. Auf vier Notenlinien kann eine komplexe Notation aus sogenannten Longen, Breven und Semibreven organisiert werden. Einen Taktstrich kennt und braucht auch diese Notation nicht.

Zwischen Mensuralnotation und Neumen steht die Choralnotation, die in abgewandelter Form auch heute noch im kirchlichen Gesangbuch anzutreffen ist. Die Notenköpfe werden zur Angabe der Tonhöhe auf Notenlinien gesetzt. Auch die Verteilung der einzelnen Textsilben auf die Töne ist festgelegt. Allerdings fehlen auch hier weitgehend die Angaben zum Rhythmus.

Ist die heutige Notation besser als die Notation früherer Zeiten? Besser ist sie nicht, sie ist anders. Seit dem frühen 17. Jahrhundert gibt es den Taktstrich, und die Notation ermöglicht eine unabhängige rhythmische Organisation der einzelnen Stimmen und damit kompliziert strukturierte, großformatige Werke. Gleichzeitig kann die heutige Notation nicht alles leisten, was frühere Notationen zu leisten imstande waren. Gewinn in der einen Richtung ist Verlust in einer anderen. Charakter und Ausdruck eines Musikstückes – wie in den Neumen dargestellt – oder auch variable Unterteilungen von Notenwerten – wie es in der sogenannten schwarzen Mensuralnotation des 14. und 15. Jahrhunderts möglich war – kann die heutige Notation ebenso wenig wiedergeben wie das Einfügen verschiedenster rhythmischer Felder, das uns in der Musik der Renaissance begegnet. Musikgeschichte bedeutet nicht Fortschritt, sondern Veränderung.

**8. Ist jeder Mensch musikalisch?**  Menschen sind sprichwörtlich musikalisch, wenn sie «Rhythmus im Blut haben». Was nach einer besonderen Eigenschaft klingt, ist, biologisch betrachtet, die Grundvoraussetzung menschlichen Lebens: Jeder Herzschlag lässt unser Blut rhythmisch durch unseren Körper pulsieren und bestimmt so den Rhythmus unserer Atmung, unseren Lebenstakt. Auch unsere Sprache folgt einem Rhythmus aus betonten und unbetonten Silben. Darüber hinaus sprechen Menschen mit einer für die jeweilige Sprache charakteristischen Sprachmelodie und einem individuellen Timbre.

Tatsächlich können Neurophysiologen belegen, dass Menschen Musik und Sprache im Gehirn auf gleiche Art und Weise verarbeiten. Hirnforscher schließen daraus, dass jeder Mensch sowohl eine angeborene Disposition zur Sprache wie auch ein musikalisches Potenzial in sich trägt. Dies bedeutet, dass es keine musikalisch unbegabten Menschen geben kann, sieht man von äußerst seltenen pathologischen Störungen wie Amusie ab.

Häufig bezeichnen sich Menschen, die nicht singen und kein Instrument spielen können, als unmusikalisch. Die individuelle Fähigkeit zur musikalischen Betätigung kann aber entwickelt werden. Sie entsteht aus dem Zusammenspiel des angeborenen Potenzials mit kulturellen Prägungen wie Erziehung oder Bildung und selbstgesteuerten Aktivitäten wie Üben oder Zuhören. Auch das Gefühl für Interpretation und Ausdruck, das Musiker zu einer musikalischen Begabung zählen, ist weitgehend erlernbar.

Alle Menschen, die im Alltag gerne Musik hören, sie zur Entspannung genießen, sie emotional und rational erleben, dürfen sich daher musikalisch nennen. Es gibt keinen Menschen, der für Musik unempfänglich ist.

**9. Was bedeutet «absolutes Gehör»?**  Selbst mit absolutem Gehör kann man weder das Gras wachsen noch die Flöhe husten hören. Als Absoluthörer werden Menschen bezeichnet, die die Tonhöhe isolierter Töne exakt benennen (passives absolutes Gehör) oder sogar einen beliebigen Ton aus dem Stegreif ansingen können (aktives absolutes Gehör). Diese Fähigkeit besitzt nur etwa jeder zehntausendste Erwachsene. Auch im Tierreich findet man das absolute Gehör zum Beispiel bei Singvögeln, Fledermäusen, Affen und Ratten. Die Frage nach der Gewichtung von Prägung und genetischen Faktoren bei der Entstehung des absoluten Gehörs ist bislang unentschieden, und Befunde zu neuronalen Grundlagen sind teilweise widersprüchlich.

Unter Berufsmusikern verfügt – je nach Untersuchungsmethode und Nationalität – etwa ein Fünftel über die Fähigkeit, absolut zu hören. Aber auch die meisten Musiker, die sich als Absoluthörer bezeichnen, hören nicht ganz perfekt. Die Trefferquote bei Tonhöhenbestimmungen liegt zwischen siebzig und hundert Prozent und ist zudem abhängig von Klangfarbe und Register.

Das Pendant zum absoluten bildet das relative Gehör, mit dem vorgespielte Töne nach Tonhöhen geordnet und Intervallfolgen nachgesungen werden können. Eine Sängerin mit relativem Gehör kann eine Stimme leichter höher oder tiefer singen. Dabei folgt sie den Abständen der Töne, liest also relativ. Mit einem absoluten Gehör muss die Sängerin hingegen jeden einzelnen Ton, den sie liest, um ein entsprechendes Intervall auf- oder abwärts transponieren. Sehr gute Relativhörer sind durch Memorieren von Referenztönen (zum Beispiel des Kammertons) in der Lage, Tonhöhen als Intervall – und damit ähnlich gut wie Absoluthörer – zu bestimmen und anzugeben.

**10. Woher kommt das Wort Tenor?** Der Ausdruck «Ténor», hier mit Betonung auf der ersten Silbe, taucht schon recht früh in der Sprachgeschichte Europas auf. Bei Cicero, Vergil oder Livius bezeichnet das Wort zum Beispiel den ununterbrochenen Verlauf einer öffentlichen Karriere. Aber abgesehen von Cassiodor, der den Begriff im 6. Jahrhundert im Zusammenhang mit der Stimmung von Saiteninstrumenten benutzte, gewann das Wort erst im Mittelalter und der Renaissance seine heutige, musikgeschichtlich relevante Bedeutung.

In der polyphonen Vokalmusik wurde das kontrapunktische Verhältnis zwischen den einzelnen Stimmen immer in Relation zum «Tenor» organisiert, der Hauptstimme, die im musikalischen Satz die strukturelle Basis bildet. Eine Stimme, die in langen Notenwerten voranschreitet und den «Cantus Firmus», wörtlich die «feststehende Melodie», trägt, wurde als Ténor (lateinisch *tenere* = halten) bezeichnet.

Um 1400 wurde die Tenorstimme immer mit einer «contra-tenor»-Stimme der gleichen Stimmlage verbunden, beide ergänzten sich in ihrer kontrapunktischen Funktion. Als dann im 15. Jahrhundert im französischen Sprachraum verschiedene Bezeichnungen für spezialisierte Sänger auftauchten, die besonders befähigt waren, die unteren Stimmen in den polyphonen Gesängen zu übernehmen, und sich zugleich der vierstimmige Gesang durchzusetzen begann, entstanden Verwirrungen bei den Bezeichnungen der Stimmen. Nach und nach wurden weitere Stimmen als «Contratenor altus» oder «Contratenor bassus» bezeichnet, die zusammen mit der Tenorstimme und einer hohen Sopranstimme im Grunde den heutigen vierstimmigen Satz vorwegnehmen. Die Stimmbezeichnungen «Alt» und «Bass» leiten sich von diesen alten Bezeichnungen ab. Der auf die «Tenor»-Stimme spezialisierte Sänger wurde dann einmal «tenorista basso», ein andermal als «tenorista alto» oder auch als «contr'alto» bezeichnet. Im 16. Jahrhundert wurden die Stimmen in Bezug auf ihren Ambitus langsam standardisiert. Ausschlaggebend hierbei war das Aufkommen der Oper, in der die führende Männerrolle meist ein Tenor war.

Das Wort «Tenor» erhielt damit seine heutige Bedeutung – von nun an mit der Betonung auf der zweiten Silbe. Im allgemeinen Sprachgebrauch bezeichnet Tenór heute eine hohe Männerstimme, doch auch das Wort Ténor wird weiterhin gebraucht, wenn wir zum Beispiel den «Ténor einer politischen Rede» zusammenfassen. Im Bereich der Musikwissenschaft, die sich mit Alter Musik beschäftigt, benennt das Wort Ténor weiterhin den Cantus Firmus in der frühen Vokalmusik.

**11. Was haben Notre-Dame in Paris, San Marco in Venedig und der Musikvereinssaal in Wien gemeinsam?** Mit der Fertigstellung Notre-Dames wurde um 1200 in Paris das Exemplum gotischen Kathedralbaus geschaffen, das in ganz Europa vielfach Nachahmer fand. Der Bauherr, Bischof Maurice de Sully, förderte die Musik der mittelalterlichen Vorstellung entsprechend, dass Musik und Architektur gleichermaßen Gottes perfekte, proportionierte Ordnung der Welt abbildeten. Hier entstanden die ersten Formen mehrstimmiger Musik. Diese werden den Komponisten Leoninus und Perotinus zugeschrieben, die man als Hauptvertreter der «Schule von Notre-Dame» betrachtet. Ihre Kompositionen begründen die schriftliche Musikpraxis und bilden einen Meilenstein in der europäischen Musikgeschichte. Die Sängerausbildung an Notre-Dame hatte höchstes Niveau und entsprach den Anforderungen der neuen polyphonen Musik. Infolge des Hundertjährigen Krieges jedoch verlor Paris im 15. Jahrhundert seine Bedeutung als musikalisches Zentrum, das sich zunächst nach Flandern, dann nach Italien verlagerte.

Die Basilica di San Marco, der «Markusdom» in Venedig, wurde im 9. Jahrhundert erbaut und gehörte zum Dogenpalast, dem Palast des Stadtherren. 1403 ist die Gründung einer Gesangschule mit acht Kantoren belegt, Ende des 16. Jahrhunderts waren die Sänger, die sogenannten «pifferi del Doge», in ganz Europa gefragt. Mit Adrian Willaert, Giovanni Gabrieli und Claudio Monteverdi wurden im 16. und 17. Jahrhundert einige der namhaftesten Komponisten der Zeit als Kapellmeister nach San Marco berufen, deren Amt gleichermaßen Kompositionen für geistliche und weltliche Anlässe verlangte. Höhepunkt war sicherlich die Aufführung von Monteverdis *Marienvesper* im Jahre 1610. Mit der mehrchörigen Anlage des Werkes reagierte der Komponist auf die besondere Architektur des Domes, und die instrumentale Begleitung erreichte ein für diese Zeit ungewöhnlich hohes Niveau der Instrumentalmusik: Seit etwa 1500 hatte San Marco ein eigenes großes

*Abb. 3:* Der Musikvereinssaal in Wien gehört zu den berühmtesten Konzert-
häusern der Welt und wird vor allem seiner Akustik wegen gerühmt. Seit seiner
Fertigstellung im Jahr 1870 ist er die Heimstätte der Wiener Philharmoniker
und war der Ort zahlreicher Uraufführungen. Zusätzliche Popularität erlangte
der Saal durch die jährliche Übertragung der «Neujahrskonzerte», die auch
Wiens Ruf als Musikstadt in die Welt tragen.

Orchester. Mit der Eröffnung des ersten Opernhauses 1637 lief die
Oper der Musikpraxis an San Marco zunehmend den Rang ab.

Die Wiener Gesellschaft der Musikfreunde, der sogenannte «Musikverein», wurde 1812 gegründet. 1870 wurde das heutige Gebäude
errichtet, dessen prunkvoller «Goldener Saal» seither die bedeutendste Konzerthalle Wiens und Heimat der Wiener Philharmoniker
ist. Außerdem gründete der Musikverein ein Konservatorium, das
sich heute als Universität für Musik und darstellende Kunst in staatlicher Hand befindet, und ein Archiv. Der Verein ist nach wie vor
privat und unabhängig organisiert. Damit gibt Wien ein besonderes
Beispiel bürgerlicher Musikpflege und Kulturförderung. Zahlreiche
Werke, etwa von Brahms und Bruckner, gelangten im Musikverein
zur Uraufführung. Immer noch gilt diese Institution als Inbegriff der

klassisch-romantischen symphonischen Traditionspflege, was vor allem dem Wirken Herbert von Karajans als Konzertdirektor von 1946 bis 1989 geschuldet ist.

Alle drei Gebäude waren nicht nur vorbildlich hinsichtlich Architektur und Akustik ihrer Zeit, sondern führen vor Augen, wie das Wirken bestimmter Interessengruppen eine blühende Musikkultur erst möglich macht. Musik ist nicht nur auf Förderung angewiesen, sondern entsteht erst unter der Voraussetzung von politischer und wirtschaftlicher Stabilität. Die Pracht dieser Bauten zeigt zugleich, dass Musik immer auch der Machtdemonstration dient und stets vom Selbstverständnis seiner Mäzene und Mäzeninnen geprägt ist. Werke sind nicht nur individuelle künstlerische Äußerungen, sondern entstehen stets in einem komplexen kulturellen Netzwerk und erlangen dadurch erst ihre Bedeutung.

**12. Kann man Komponieren lernen?** Das Komponieren eines Musikstücks besteht in den meisten Fällen aus zwei Stadien: einer musikalischen Idee, dem Einfall, auf der einen und ihrer meist schriftlichen Fixierung und Ausarbeitung auf der anderen Seite, dem Komponieren. Das ist auch der ursprüngliche Sinn des Wortes «komponieren», das nichts anderes bedeutet als «zusammensetzen» oder «zusammenstellen».

Ideen entstehen auf so unterschiedliche Weise, wie Komponisten und Komponistinnen unterschiedlich sind. Auslöser können zum Beispiel ein Erlebnis oder eine Erfahrung sein, eine Gefühlssituation, der Auftrag für ein bestimmtes Stück, ein politischer oder gesellschaftlicher Anlass, die Bekanntschaft mit einem herausragenden Interpreten, das Hören anderer Musik, ein inspirierender Text oder eine Improvisation. Die Herausforderung besteht darin, diese Einfälle zu formen, sie sinnvoll zu gestalten und ein Ganzes daraus zu bauen.

Hier setzt ein vorwiegend handwerklich bestimmtes Arbeiten ein, bei dem man auf technisches Wissen und Können zurückgreift, das vor allem durch Traditionen überliefert ist. Das kann das Wissen über bestimmte Formen sein, also zum Beispiel über den Aufbau einer Symphonie, einer Sonate oder einer Fuge, das kann die Kenntnis von harmonischen Wendungen, von Modulationen und ihren Wirkungen, von Instrumenten und vom Bau von Melodien sein. Wichtig sind auch grundlegende Kenntnisse darüber, wie man Musik durch Wiederholung, Variation, Entwicklung, Verkürzung oder Verkleinerung eines Themas oder Motivs zum Fließen bringen kann, wie Steigerung und Verdichtung entstehen und wie man beispielsweise das fulminante Ende eines Stückes gestaltet. Bis heute baut Musik im Grunde auf diesen Kenntnissen auf, nur haben sich die klanglichen Möglichkeiten enorm weiterentwickelt.

Komponieren lernen kann man also insoweit, als dass man sich das handwerkliche Rüstzeug aneignet. Dies geschieht vor allem durch Unterricht, ein intensives Studium anderer Werke und das Hören der eigenen Kompositionen. Aber auch nach dem Ende der Lehrzeit müssen die handwerklichen Fähigkeiten weiter ausgebaut werden: Selbst ein Komponist wie Wolfgang Amadeus Mozart begann, nachdem er die Musik von Johann Sebastian Bach und dessen *Wohltemperiertes Klavier* kennen gelernt hatte, in seinen letzten Lebensjahren noch einmal mit ganz elementaren Kompositionsübungen. Diese intensiven Studien spiegeln sich im letzten Satz seiner Symphonie in C-Dur, der sogenannten *Jupitersymphonie*, in faszinierender Weise wider. An dessen Schluss steht eine großangelegte Fuge, in der die verschiedenen Themen des Satzes kontrapunktisch kunstvoll verarbeitet werden.

**13. Was ist ein Motiv, was ein Thema?**  Mit «Motiv» bezeichnet man die kleinste musikalische Sinneinheit, die in der Musik verwendet wird. Es besteht aus zwei oder mehr Tönen und ist so prägnant gestaltet, dass es durch Wiederholung, Variation oder Gegenüberstellung eines gegensätzlichen Motivs die Musik in Bewegung hält. Bei einem Motiv kann das Melodische, das Harmonische oder auch das Rhythmische im Vordergrund stehen. Ein bekanntes Motiv ist der Beginn der fünften Symphonie von Ludwig van Beethoven. Dieser kurze Gedanke aus vier Tönen durchdringt den ganzen Satz. Sei es in einzelnen Instrumenten, in Instrumentengruppen oder im ganzen Orchester – immer ist dieses Motiv auf die eine oder andere Weise präsent.

Während in der Klassik das Motiv eine musikalisch geschlossene Einheit bildet, kennt man im Barock das Fortspinnungsmotiv. Damit meint man ein kurzes Motiv, das durch Wiederholung und Entwicklung dem Aufbau eines Satzes dient. So verwendet Bach in seinem dritten *Brandenburgischen Konzert* ein kurzes Motiv aus nur drei Tönen und einem einprägsamen Rhythmus, aus dem er durch ständige Reihung und Weiterentwicklung den Bewegungsimpuls für den gesamten ersten Satz ableitet.

Der nächstgrößere Zusammenhang in einem Musikstück ist das Thema. Dabei handelt es sich um einen musikalisch ausformulierten Gedanken, der sich aus einzelnen, auch gegensätzlichen Motiven zusammensetzt. Ein Thema ist nicht immer leicht abzugrenzen, häufig bleibt es offen und ermöglicht so eine Weiterführung. In der Wiener Klassik ist die Bildung von periodischen Themen sehr verbreitet, bei der sich jeweils vier Takte wie Frage (Vordersatz) und Antwort (Nachsatz) zueinander verhalten und sich durch eine melodische und harmonische Geschlossenheit auszeichnen. In der zeitgenössischen Musik können die Begriffe Motiv und Thema oft nicht mehr eindeutig angewandt werden, da sich andere Gestaltungsformen durchgesetzt haben. Statt von melodischen oder rhythmischen Motiven spricht man hier häufig von Strukturen, die ähnliche Funktionen übernehmen können. Ein Beispiel dafür ist das Orchesterstück *Atmosphères* von György Ligeti (1923–2006). In diesem Stück aus dem Jahre 1961 reiht Ligeti kürzere, in sich sehr unterschiedlich gestaltete Klangfelder aneinander. Teilweise entwickeln sie sich aus dem Vorhergehenden, teilweise stehen sie in deutlichem Gegensatz dazu. Diese Felder übernehmen für die Entwicklung des Stückes eine ähnliche Funktion wie Motiv und Thema in der klassischen Musik: Sie sind eine Keimzelle, aus der das Folgende entwickelt wird.

**14. Was ist besser – nachspielen oder improvisieren?** Vor allem in der Jazz-, aber auch in der Rockmusik kann man ohne besondere Fähigkeiten zur Improvisation wenig erreichen. Im Bereich der Klassischen Musik wird vorausgesetzt, dass die Konzertliteratur von den Künstlern technisch souverän nachgespielt und individuell interpretiert wird. Schließlich gibt es Bereiche des Musizierens, in denen sich beide Kunstformen begegnen: Ein Organist muss während des Gottesdienstes in der Lage sein, neben dem Spielen auskomponierter Werke eine Liedbegleitung oder ein Orgel-Solo zu improvisieren. Ebenso ist es in der Alten Musik und der Historischen Aufführungspraxis für Musiker unerlässlich, Auszierungen (Triller etc.) spontan zu improvisieren. Und schließlich gehen auch Komponisten des 20. und 21. Jahrhunderts mitunter davon aus, dass die Interpreten ihrer Stücke ganze Passagen improvisieren können. Oft werden die Abschnitte nur graphisch angedeutet, deren Ausgestaltung bleibt der künstlerischen Phantasie überlassen.

Seitdem eine breite Öffentlichkeit Zugang zu Konzertaufführungen hatte, entwickelte sich ein großes Interesse an einer fundierten Musikausbildung. Die musikalischen Maßstäbe wandelten sich, und die Interpretation bereits vorhandener Werke auf höchstem Niveau stand von nun an im Vordergrund. Das Brillieren mit eigenen Kompositionen, wie es vorher üblich war, verlor mehr und mehr an Bedeutung, was zählte, war der gedruckte Notentext.

Bis ins frühe 19. Jahrhundert begeisterten Tastenspielerinnen, Violinvirtuosen, Sängerinnen und Sänger mit ihren kunstvollen Improvisationen das Publikum. Es war allgemein üblich, Wiederholungen spontan zu verzieren und Fermaten, länger ausgehaltene Schlüsse oder Konzertkadenzen, mit freien Improvisationen zu bereichern. In der heutigen klassischen Musikausbildung versucht man verstärkt, diesen in Vergessenheit geratenen Fähigkeiten wieder gerecht zu werden und neben dem notwendigen technischen Rüstzeug einen Zugang zu dem kreativen Feld des Improvisierens zu vermitteln.

**15. Was ist ein Kammerton?** Spielen mehrere Instrumente zusammen, so müssen sie sich auf einen gemeinsamen Ton einstimmen. Dieser Ton ist das eingestrichene a (a') und wird Kammerton genannt. Die Höhe dieses a' war durchaus nicht einheitlich, sondern konnte nach Ländern und Regionen in der Frequenz differieren. So lag der Kammerton im 18. Jahrhundert in Deutschland bei etwa 415 Hertz (Hz), in Frankreich aber bei 392 Hz, einem Unterschied von immerhin circa einem Halbton. Die Versuche, einen gemeinsamen Ton zu bestimmen, begannen bereits 1788, wo man sich in Paris auf 409 Hz für das a' einigte. 1885 wurde auf einer internationalen Konferenz in Wien das a' auf 435 Hz angehoben, bis schließlich 1939 die *International Organization for Standardization* (ISO) das a' auf 440 Hz festlegte, eine Regelung, die offiziell noch heute gilt. Doch weicht die Praxis von diesen Vorgaben teilweise deutlich ab. So stimmen viele Orchester heutzutage auf 443 Hz, Herbert von Karajan bevorzugte für die Berliner Philharmoniker sogar 445 Hz. Der Klang wird durch die höhere Stimmung tragfähiger und bekommt mehr Brillanz. Ensembles aber, die sich auf die Musik des 17. und 18. Jahrhunderts spezialisiert haben, stimmen ihre Instrumente auf ein a', das um 415 Hz liegt. Diese deutlich tiefere Stimmung erzeugt einen Klang, der weicher und samtiger ist.

Angegeben wird der Kammerton im Orchester in der Regel durch die Oboe, da ihre Stimmung auch bei Temperaturschwankungen stabil bleibt. Alternativ wird vor allem beim Stimmen von Tasteninstrumenten eine Stimmgabel verwendet. Mit dieser Erfindung des 18. Jahrhunderts war es erstmals möglich, eine genau festgelegte Tonhöhe an unterschiedlichen Orten zu verwenden.

Der Begriff «Kammer» rührt daher, dass man ursprünglich verschiedene Stimmungen für verschiedene Gelegenheiten verwendet hat. So bezog sich der Kammerton immer auf Musik, die in kleineren Räumen und vor kleinerem Publikum gespielt wurde. Im Gegensatz dazu gab es einen Chor- beziehungsweise Orgelton, der vom 16. bis ins 18. Jahrhundert im kirchlichen Raum verwendet wurde. Dieser Stimmton lag bis zu einem Ganzton über dem Kammerton, was akustische Gründe hatte, aber auch einen ganz pragmatischen: Durch die höhere Stimmung konnten die Orgelpfeifen kürzer gebaut und damit kostbares Material eingespart werden.

**16. Welche Temperatur hat das «Wohltemperierte Klavier»?**  Im barocken Sprachgebrauch ist der Begriff «Temperatur» mehrdeutig: Ohne an einen bestimmten Wärme- oder Kältezustand zu denken, beschrieb man damals mit diesem Begriff im musikalischen Bereich, wie Tasteninstrumente gestimmt wurden. «Temperatur» und «wohltemperiert» bezogen sich auf den sehr differenzierten Stimmvorgang und das dabei entstehende klangliche Ergebnis.

Eine der wegweisenden Schriften verfasste 1691 der Musiker und Theoretiker Andreas Werckmeister. Mit dezidierten Anleitungen versehen, beschrieb er verschiedene Temperierungen, von denen sich besonders eine Variante durchsetzte. Mit dem *Wohltemperierten Klavier* legte Johann Sebastian Bach 1722 und um 1742 ein in sich geschlossenes, zweiteiliges Kompendium vor, in dem erstmalig alle Tonarten zum Einsatz kamen.

Aufgrund der Klaviatur – die nur das Spielen von vorher festgelegten Tonhöhen erlaubt – und bestimmter physikalischer Gegebenheiten ist es nicht möglich, ein Tasteninstrument ganz rein zu stimmen. Ist die Grundstimmung des Instruments einmal hergestellt, kann der Spieler, anders als bei Streich- oder Blasinstrumenten, die Tonhöhe nicht mehr beeinflussen.

Heute teilt man die Tastatur eines Klaviers oder einer Orgel üblicherweise in akustisch absolut gleiche Halbtonschritte ein. Mit einer solchen «gleichstufigen Temperatur» oder «gleichschwebenden Stimmung» kann man ohne Einschränkungen in allen Tonarten spielen. Allerdings müssen dazu fast alle Intervalle in einer bestimmten Weise «manipuliert» werden; als einziges ganz reines Intervall bleibt die Oktave erhalten.

Bis zum Ende des 18. Jahrhunderts verwendete man dagegen ungleich große Halbtonschritte. Gemäß der damaligen Hörerwartung ließen sich so für einige der hauptsächlich verwendeten Tonarten reine oder zumindest annähernd reine, «wohltemperierte» Akkordklänge erzielen. Die Komponisten setzten das Spannungsverhältnis zwischen angenehmen und «geschärften» Tonarten gezielt ein und betrachteten die «ungleichstufige Temperatur» als eine Bereicherung des musikalischen Ausdrucks. Ein auf diese Weise eingestimmtes Tasteninstrument bezeichnete man gewöhnlich als «wohltemperiertes Clavier». Verschiedene Varianten der «wohltemperierten Stimmung» sind für die heutige historische Aufführungspraxis wieder von großer Bedeutung.

Als ausgesprochen geübter Praktiker verfügte Johann Sebastian Bach über ein Stimmsystem, bei dem alle Tonarten genutzt werden konnten, aber differenziert abgestuft und reizvoll gefärbt erklangen. Zwar existiert keine eindeutige Beschreibung seiner Vorgehensweise, dennoch gewinnt man aus den zeitgenössischen Anleitungen und Kommentaren seiner Schüler eine recht genaue Vorstellung von diesem Vorgang. Glaubt man darüber hinaus jüngeren Forschungen, so findet sich im Vorwort zum ersten Teil des *Wohltemperierten Klaviers* ein verschlüsselter Hinweis, welche Art der «Temperatur» ihm dabei vorschwebte: Aus bestimmten Ornamenten, mit denen Bach seine handgeschriebene Widmung schmückte, kann man auf die Grundlagen seiner Stimm-Methode schließen.

**17. Ist Dur lustig und Moll traurig?** «Daß nun ein jeder Tohn (= jede Tonart) etwas sonderliches an sich habe und sie in dem Effect einer von dem andern sehr unterschieden sind, ist wol einmahl gewiß, […] was aber ein jeder Thon eigentlich vor Affecten, wie und wenn er selbige rege mache, darüber gibt es viel Contradicirens.»

Was der Komponist und Musikschriftsteller Johann Matthesen im Jahre 1713 feststellt, gilt bis heute als eine ungelöste Frage der Musik: Haben Tonarten von sich aus unterschiedliche Charaktere und lösen sie bestimmte Gefühle und Stimmungen bei den Hörern aus, oder sind diese Zuordnungen nur aufgesetzt? Für Dur und Moll scheinen die bekannten Zuordnungen in einem gewissen Maße Gültigkeit zu haben. Aber eine Begründung für die Verbindung von Tonart und Charakter ist schwer zu finden. Einiges deutet darauf hin, dass musiktheoretische, musikpraktische und musikpsychologische Faktoren dabei eine Rolle spielen.

Schon die Wahl der Instrumente ist von Bedeutung. Da Trompeten bevorzugt in D-Dur gestimmt wurden, verwundert es nicht, dass viele Stücke, die dieses Instrument verwenden, auch in dieser Tonart stehen: die Ouvertüren der großen Mozart-Opern, große Teile des *Weihnachtsoratoriums* von Bach oder dessen großes *Gloria* aus der *h-moll-Messe*. Wenn nun der Dichter und Komponist Christian Friedrich Daniel Schubart 1784 D-Dur als Tonart «des *Triumphes*, des *Hallelujas*, des *Kriegsgeschrey's*, des *Siegsjubels*» bezeichnet, dann muss es sich hierbei nicht um eine Eigenschaft der Tonart handeln, sondern um die Beschreibung von Instrumentenwahl und Tonart.

Es-Dur hingegen galt als die Tonart des Pathetischen und Weihevollen. Beethoven verwendet sie in seiner dritten Symphonie, der *Eroica*, Mozart für die Ouvertüre seiner *Zauberflöte*, Bruckner wählt sie für seine vierte Symphonie, die *Romantische*, und Wagner nutzt sie in seinem Vorspiel zum *Rheingold*, um das allmähliche Anschwellen des Rheins darzustellen.

Obwohl wie Es-Dur mit drei b-Vorzeichen versehen, werden der parallelen Molltonart c-moll ganz andere Eigenschaften zugeordnet. Sie gilt als dunkel, trist, klagend und pathetisch. Mozarts Klavierkonzert KV 492, Beethovens fünfte Symphonie oder die erste Symphonie von Johannes Brahms bestätigen diese Beschreibung.

Seit dem 17. Jahrhundert gab es immer wieder Versuche, auf diese Weise Tonarten bestimmte Charakter- beziehungsweise Farbeigenschaften zuzuordnen. Da wurde A-Dur als Ausdruck der Liebe und Zärtlichkeit, aber auch der wütenden Gemütsbewegung beschrieben, E-Dur galt teils als lärmend und laut, teils als Ausdruck der Verzweiflung und d-moll als demütig, ruhig und groß. Wenn Schubart mit dieser Tonart dann «schwermüthige Weiblichkeit, die Spleen und Dünste brütet», verbindet, zeigt sich, wie sehr die Beurteilungen auch den Wertevorstellungen der Zeit unterliegen, in diesem Fall der Vorstellung einer Geschlechterdichotomie. Auch Robert Schumann ordnete Moll und Dur männlich und weiblich zu, beobachtete aber kritisch 1835: «Man kann ebenso wenig sagen, daß diese oder jene Empfindung, um sie sicher auszudrücken, gerade mit dieser oder jener Tonart in die Musik übersetzt werden müsse [...]. Der Proceß, welcher den Tondichter diese oder jene Grundtonart zur Aussprache seiner Empfindungen wählen läßt, ist unerklärbar, wie der schaffende Genius selbst, der mit dem Gedanken zugleich die Form, das Gefäß gibt, das jenen sicher einschließt. Der Tondichter trifft daher von selbst das Rechte, wie der wahre Maler seine Farben.»

**18. Wer ist der Teufel in der Musik und wer der Wolf?** Diese beiden klassischen Verkörperungen des Bösen tauchen auch in der Musik ihrem Ruf entsprechend auf: In Mittelalter und Renaissance wird zunächst das Bild des Diabolus als dem teuflischen Verwirrer gerne verwendet, um vor bestimmten musikalischen Phänomenen zu warnen. Schon die zweistimmige Kontrapunktlehre des Mittelalters warnt mit der Beschreibung «mi contra fa – diabolus in musica» vor einem schlecht klingenden Intervall. Demnach ist der Tritonus, die drei Ganztöne umfassende übermäßige Quarte, als ein besonders dissonantes Intervall zu vermeiden.

Die bildhafte Sprache folgt mit der Intention, auf besondere musikalische Phänomene hinzuweisen, auch der sogenannten Affektenlehre. In der barocken Musiktheorie wurden auf dieser Grundlage die Möglichkeiten ausgelotet, Affekte, also Gefühle und seelische Zustände, in der Musik darzustellen und Gemütsbewegungen hervorzurufen. So verwendet Johann Sebastian Bach den Tritonus häufig als Ausdruck von Schmerz und Ablehnung. Die musikalische Affektenlehre folgt dabei bis ins Detail der Lehre der Rhetorik, denn man sah eine weitgehende Übereinstimmung zwischen dem Aufbau einer Rede und dem eines Musikstücks.

Der Wolf hat auf ähnliche Art und Weise den Weg in die Musik gefunden. Es geht beim Wolf in der Musik ebenfalls um ein unschönes Intervall: die Wolfsquinte. Für die mitteltönige Temperatur, die in der Renaissance und im Frühbarock als übliche Stimmung der Tasteninstrumente verwendet wurde, ist die Reinheit der großen Terzen charakteristisch. Die Schönheit dieses besonders wohlklingenden Intervalls hat aber ihren Preis: Andere Intervalle sind sehr verstimmt, bis hin zur völligen Unbrauchbarkeit. Das unreinste Intervall der mitteltönigen Stimmung wird bildlich als Wolfsquinte bezeichnet. Sie klingt wirklich «mörderisch».

# Musikgeschichte

## 19. Die wichtigsten Epochen der Musik in Europa?

Auch wenn es immer wieder gerne versucht wird: Die (Musik-)Geschichte ist nicht so klar in überschaubare Raster einzuteilen wie die Erde mit ihren Längen- und Breitengraden.

Auch setzt die Einteilung der Geschichte in Epochen wertende Beurteilung voraus – bereits der Begriff «Mittelalter» ist ursprünglich als Verdikt zu sehen, das eine Epoche zwischen zwei, aus späterer Sicht maßgebenden Zeitaltern bezeichnet – der Antike und der Renaissance. Auch wann Epochen beginnen oder enden hängt vom Blickwinkel ab. Das Mittelalter endet für manche Historiker mit der Entdeckung Amerikas, für andere mit der Reformation, für Literaturwissenschaftler bereits hundert Jahre früher mit der Entstehung des Frühhumanismus – oder erst im 17. Jahrhundert, wenn man Wirtschaftshistoriker befragt, die Feudalsystem und Lehnswesen für die markantesten Merkmale mittelalterlicher Kultur halten.

Auch für den Bereich der Musik ist die Epocheneinteilung eine Quelle kontinuierlicher Diskussion: Liegt der Schwerpunkt auf stilistischen Fragen, etwa der Harmonik oder der Polyphonie, oder auf technischen Bedingungen wie der Stimmung und dem Bau von Instrumenten? Haben herausragende Einzelpersonen mehr Gewicht oder ästhetisch-geschmackliche Strömungen? Betrachtet man Institutionen oder intellektuelle Kräftefelder? Welche Länder rückt man ins Blickfeld, welche Errungenschaften? Werden von den Zeitgenossen als einschneidend empfundene Zäsuren, wie um 1740 oder um 1914, von uns Heutigen ebenso beurteilt? Hinzu kommt, dass die Musik immer ein wenig hinter Literatur- und Kunstgeschichte herhinkt: Die meisten gängigen Epochenbegriffe sind Entlehnungen aus diesen Bereichen.

All diese Anmerkungen können und sollen natürlich nicht den sinnvollen Gebrauch von Epocheneinteilungen ausschließen – mit Vorsicht und kritischer Distanz eingesetzt, können sie durchaus sinnvoll sein. Eine tabellarische Übersicht der verschiedenen Epochen befindet sich auf der hinteren Umschlagseite.

Im Mittelalter (circa 650–1450) wurden mit Tonsystem, Mehrstimmigkeit und Notenschrift die Weichen für die Entwicklung der europäischen Musik gestellt. Es folgte die Renaissance (1450–1600), die Blütezeit der Vokalpolyphonie. Die bekanntesten Komponisten der

Zeit, Josquin, Lasso und Palestrina, schrieben vorwiegend geistliche Musik; die Messen und Motetten treten mit ihrer reichen modalen Kontrapunktik besonders hervor. An der Wende zum Barock (1600–1750) entsteht in Italien die Oper, und die Instrumentalmusik gewinnt an Bedeutung. Das «Thema» als wiederkehrende, erkennbare «Melodie» wird weiter ausgebaut, die Harmonik bedient sich der Dur-Moll-Tonalität und die Chromatik wird erschlossen. Das Fundament barocker Musik bildet der Generalbass oder «basso continuo». Damit wird ein System der harmonisierenden Begleitung bezeichnet, das auf einer Art Kurzschrift in Ziffern fußt. Die Klassik (1730–1830) war in gewisser Weise eine Reaktion auf den als ornamental und polyphon überladen empfundenen Barock. Im Sinne des Programms der Ausgewogenheit tritt ein Denken in Dualismen und harmonisch zu vereinigenden Gegensätzen an die Stelle des barocken monothematischen Ansatzes. Die Romantik (1810–1910) betont das emotionale und individuelle Element. Komponisten wie Schubert, Robert und Clara Schumann, Bizet, Berlioz oder Brahms ging es um den Ausdruck der Persönlichkeit. Formell bezieht sich die romantische Musik zwar stark auf klassische Vorbilder (man schrieb Symphonien, Sonaten, Lieder, Konzerte), aber durch den raffinierten, bisweilen massiven Einsatz neuer harmonischer und melodischer Mittel wird die Musik «farbiger», und die bisherigen Dimensionen von Dauer und Gestaltung eines Stückes werden enorm erweitert. Auch auf Literatur und Kunst wird in zunehmendem Maße Bezug genommen. Die erste Hälfte des 20. Jahrhunderts wird gelegentlich als Epoche der Neuen Musik oder, sicherlich geschickter, als Klassische Moderne bezeichnet. Die wesentliche Errungenschaft dieser Zeit sind die «Emanzipation der Dissonanz» sowie die Emanzipation von Klang und Rhythmus. Diese Neuerungen verbinden sich zunächst mit den Namen von Debussy, Schönberg, Varèse, Strawinsky und Bartók, aber auch Thea Musgrave, Charles Ives und die «Groupe de Six» mit Darius Milhaud und Germaine Tailleferre sind hier zu nennen. Nach 1945 begann die eigentliche, weiterhin unabgeschlossene «Ära» der Neuen Musik. Serielles Komponieren und elektronische Musik sind zwei Beispiele dafür, wie künstlerische Avantgarden nach der Katastrophe des Zweiten Weltkriegs einen kompletten Neuanfang wagten. Komponisten wie Lutoslawski, Stockhausen, Boulez, Messiaen, aber auch Nono, Schostakowitsch, Gubaidulina und Hölszky sind hier unter zahllosen weiteren Namen anzuführen.

Es ist leicht erkennbar, wie problematisch die erwähnten Zäsuren sind. Die Komponisten Beethoven und Schubert geben ein deutliches Beispiel dafür, dass Epochen weniger mit Zeiteinteilungen als über Haltungen zu definieren sind. Während Beethoven als Komponist der Klassik und Schubert als Komponist der Romantik gilt, liegen ihre Lebensdaten nah beieinander: Beethoven starb 1827, Schubert 1828. Und Richard Strauss, einem überaus romantischen Ideal verpflichtet, überlebte den «modernen» Béla Bartók um einige Jahre.

**20. Warum ist die Sprache der Musik italienisch?** Italien erlebte vom Ende des 17. Jahrhunderts bis zum Beginn des 19. Jahrhunderts einen wahren Musikboom. Das Land, das bereits die Vorreiterrolle in Musikdruck, -ausbildung und -förderung eingenommen hatte und seit dem 14. Jahrhundert die größte Anzahl europäischer Musiker, beispielsweise aus Frankreich und den Niederlanden, angelockt hatte, wurde jetzt zum weltgrößten Exporteur von Musik und Musikern. Italienische, meist venezianische oder römische Musiker und Komponisten wanderten in alle geographischen Winkel Europas aus und besetzten einflussreiche Positionen an europäischen Höfen, besonders gefördert vom Habsburgischen Königshaus. Sie galten als die am besten ausgebildeten Musiker. Das Collegio Germanico in Rom versorgte ganz Europa mit Sängern, und die italienische Oper wurde von reisenden Musikertruppen international bekannt gemacht, so dass in vielen Ländern Europas Italienisch selbstverständlich als Sprache für Opernlibretti galt. Damit setzten sich italienische Wörter und Ausdrücke in der musikalischen Praxis durch, zugleich wurden Musikalien mit der Ausbreitung des Verlagswesens erstmals in ganz großem Stil in Italien und nach und nach international verfügbar. Das Auswandern vieler Spitzenmusiker hatte allerdings eine musikalische Verarmung im eigenen Lande zur Folge.

Im Laufe der Zeit wandelte sich die Verwendung zahlreicher italienischer Bezeichnungen, oder ihr Gebrauch in der Musikfachsprache wurde so verallgemeinert, dass der Sinn des Wortes im heutigen Italienisch von seiner Bedeutung in der Musik abweicht. Das Wort *allegro* beispielsweise heißt auf Deutsch «munter», im musikalischen Bereich wird es aber oft nur noch mit «schnell» gleichgesetzt. Italienische Begriffe werden heute hauptsächlich gebraucht, um Angaben zum musikalischen Ausdruck (Dynamik, Tempo, Spieltechnik) zu machen. Viele Grundbegriffe der musikalischen Terminologie sind hingegen griechischen (Harmonie, Melodie, das Wort «Musik» selbst) oder lateinischen (die Namen der Intervalle wie Prime, Sekunde oder Terz) Ursprungs. Bereits im 19. Jahrhundert verwendeten Komponisten wie Robert Schumann, Fanny Hensel und Ludwig van Beethoven in ihren Werken zunehmend Begriffe aus dem eigenen Wortschatz für die genauen Ausdrucksbezeichnungen. Im 20. und 21. Jahrhundert gehören die italienischen Begriffe weiterhin zum Kanon der Fachterminologie, jedoch machen mit der enormen Zunahme der musikalischen Gestaltungsmittel viele Komponisten Angaben in ihrer Muttersprache oder – der internationalen Verständlichkeit halber – auch auf Englisch. Fachbegriffe, die wie zum Beispiel Synthesizer oder Sampling aus dem elektronischen Bereich stammen, und die Terminologie der Jazz- und Popularmusik (Voicing, Lead-Sheet oder Ähnliches) werden ohnehin vorwiegend der englischen Sprache entlehnt.

**21. Ist Deutschland *das* Land der Musik?**   Deutschland gilt häufig als *das* Land der Musik. Zu Recht, wenn man das Netzwerk an Musikschulen, die Orchesterdichte, die Anzahl der Opernhäuser bedenkt und die über eine Million Musiker und Laien nennt, die im Bereich der Kirchenmusik als Kantoren, Organisten oder Chorsänger engagiert sind. Während es beispielsweise in Italien nur einige wenige Organisten gibt, die sich von ihrer Tätigkeit ernähren können, hat allein die Stadt Köln an die vierzig hauptamtliche Kirchenmusiker. Allein Nordrhein-Westfalen hat mehr Opernhäuser als die USA, die Zahl der Musikhochschulen, Konservatorien und Musikuniversitäten übertrifft die jedes anderen Landes der Erde – erst recht, wenn man die Schweiz und besonders Österreich als deutschsprachige Länder mit gemeinsamen Traditionen hinzuzieht. In keinem anderen Land wird Musik staatlich so systematisch und engagiert gefördert wie in Deutschland, der Schweiz und Österreich, was auch für die zeitgenössische Musik gilt.

Auch historisch ist der deutschsprachige Raum bedeutend. Denn obwohl zum Beispiel von Charles Ives in den USA, Claude Debussy in Frankreich und Igor Strawinsky in Russland zentrale Impulse für die musikalische Moderne ausgingen, ist doch für die Neue Musik die Zweite Wiener Schule und die Entwicklung der Zwölftontechnik durch Arnold Schönberg wesentlich. Im 19. Jahrhundert ist Deutschland ein Zentrum der Musikausbildung – die meisten Musiklehr-

bücher kommen aus dem deutschsprachigen Raum – und der Musik-
historiographie, so dass Fachleute aus dem skandinavischen oder
russischen Raum selbstverständlich Deutsch können, die Musik Beethovens oder auch die Schriften Wagners rezipieren und Fachtexte im
Original lesen.

Aber das Schlagwort «Land der Musik» bezeichnet unterschiedliche historische Sachverhalte: Polyphone Musik entsteht in Frankreich und wird ab dem 14. Jahrhundert hier wie gleichermaßen in
Italien überaus vielfältig gepflegt. Im 17. und 18. Jahrhundert spielt
die Musik in vielen Ländern Europas eine herausragende Rolle. Und
ob im 19. Jahrhundert Frankreich, Italien, Russland oder Deutschland das farbigere Musikleben und die bedeutenderen Komponisten
hatte, ist Ansichtssache. Weniger das Urteil selbst als vielmehr die
Argumente sind hierbei von Interesse. Zudem ist der Begriff von der
«Vorherrschaft deutscher Musik» schlicht imperialistisch; schon
Nietzsche warnte nach dem Sieg Preußens über das französische Kai-
serreich 1870/71 davor, nun einen militärischen Sieg in einen kulturellen umwandeln zu wollen. Die Rolle, die Musik in den Konzentra-
tionslagern von Theresienstadt und Auschwitz spielte, ist ein dunkles
Kapitel deutscher Kulturgeschichte, das zudem zeigt: Musikausübung und ethisches Verhalten bedingen sich nicht zwangsläufig.
Deutsche Musikhistoriker haben im 19. und frühen 20. Jahrhundert
mit aller Selbstverständlichkeit eine zentrale Rolle Deutschlands für
die klassische Musik angenommen und dargestellt, von der überheb-
lichen und verfälschenden nationalsozialistischen Sicht auf die
Musikgeschichte gar nicht zu reden. Der Preis, den man für diesen
kulturellen Hegemonieanspruch zahlt, ist hoch: Er verstellt den Blick
auf die Vielfalt der Musikkulturen und führt falsche Wertmaßstäbe
in die Disziplin Musik ein, der es niemals um «Das Beste», sondern
um die zahllosen Variationen dessen, was Musik sein kann, gehen
sollte, und bringt historische Fakten in gefährliche Schieflage. Alle
Komponisten, die heute das Musikleben prägen, haben internationale Erfahrungen gesammelt und von vielen Musikkulturen profitiert. Viele waren oder sind Emigranten, zumindest Wanderer zwischen Welten, haben in verschiedenen Ländern studiert und sich mit
den unterschiedlichsten Musiktraditionen beschäftigt. Musik war
und ist niemals ein nationales Phänomen, sondern lebt immer vom
Austausch. Entdecken Sie nur unter diesem Aspekt folgende Komponistinnen und Komponisten ganz neu: Orlando di Lasso, Wolfgang

Amadeus Mozart, Pauline Viardot-Garcia, Ethel Smyth, Igor Strawinsky und György Ligeti.

Die neue Heimat, die klassische Musik seit einigen Jahrzehnten in Südamerika und in zahlreichen asiatischen Ländern gefunden hat, die öffentliche Debatte um den Wegfall staatlicher Fördermittel für Musikschulen und die Vernachlässigung des Musikunterrichts an öffentlichen Schulen in mehreren deutschen Bundesländern zeigen zudem, dass der Titel «Land der Musik» nicht abonniert werden kann, sondern stets neu erworben werden muss. Wenn Deutschland auch im 21. Jahrhundert vielleicht nicht mehr *das* Land der Musik bleiben wird, so sollte es doch immer ein Land der Musik sein.

**22. Hat Papst Gregor den Gregorianischen Choral erfunden?** Seit dem Mittelalter werden Gregor I., einem der vier Kirchenlehrer und von 590 bis 604 nach Christus Papst, große Verdienste um die Reform der Liturgie und den Kirchengesang zugeschrieben. Eine Verbindung zu den gregorianischen Choralgesängen findet sich erstmals in einer Quelle des 9. Jahrhunderts, in der es heißt: «Gregorius praesul composuit» («Papst Gregor komponierte»).

Die einstimmigen, unbegleiteten Messgesänge in lateinischer Sprache wurden jedoch über einen langen Zeitraum von vielen Menschen seit dem 4. Jahrhundert geschaffen. Da die originalen Melodien aus dieser Zeit nur mündlich überliefert wurden, bleibt die genaue Entstehungsgeschichte der frühchristlichen Musik unbekannt: Eine nur mündlich überlieferte musikalische Tradition kann nie mehr vollständig rekonstruiert werden.

Über die Gründe für die Benennung der Gesänge nach Papst Gregor kann man nur mutmaßen, möglicherweise ist sie auf Gregors Neuordnung der Liturgie zurückzuführen. In diesem Zusammenhang gründete er in Rom vermutlich die Singschule *Schola cantorum*, einen professionellen Chor am päpstlichen Hof, und unterrichtete Kinder in Kirchengesang. Zudem veranlasste er eine neue Unterlegung von Melodien mit Bibel- und Psalmtexten und legte ein *Antiphonarium* vor, eine Sammlung bereits vorhandener Antiphone (liturgischer Wechselgesänge), die fortan in den Messen gesungen werden sollten.

Durch zahlreiche Lehrschriften gelangte Gregor der Große über die Jahrhunderte zu hohem Ansehen. Bis heute verehrt ihn die katholische Kirche als Patron des kirchlichen Schulwesens, der Lehrer,

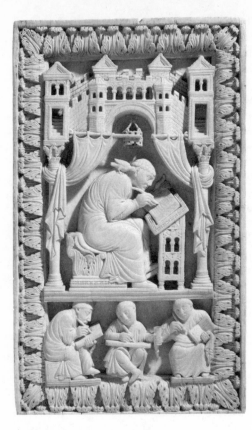

*Abb. 4:* Legendenhaft: Der Heilige Geist diktiert Papst Gregor himmlische Gesänge. Die Entstehung des Gregorianischen Chorals wird fälschlicherweise Gregor I. (r 590–604) zugeschrieben, wahrscheinlich wurde das Repertoire von der Schola Cantorum im frühen 8. Jahrhundert kodifiziert, vermutlich unter der Regentschaft von Papst Gregor II. (r 715–31). Die Elfenbeintafel, Lothringen (Metz?), stammt aus dem späten 10. Jahrhundert und wird heute im Kunsthistorischen Museum Wien aufbewahrt.

Schüler und Studenten, der Sänger, Musiker sowie des Chor- und Choralgesangs. Und obwohl die gregorianischen Choräle nicht seine Schöpfungen sind, gab man ihnen, den ältesten schriftlichen Zeugnissen der christlich-abendländischen Musik, seinen hochgeschätzten Namen, um sie aufzuwerten. Bei dieser Zuschreibung geht es also weniger um die Urheberschaft der Melodien, sondern um die Nobilitierung und Etablierung dieses großen Melodiencorpus.

**23. Seit wann singt man mit mehreren Stimmen?** Im Allgemeinen wird der Beginn europäischer Mehrstimmigkeit auf das 9. Jahrhundert nach Christus datiert. Als erstes uns bekanntes Dokument beschreibt eine Art Improvisationsanweisung in dem Musiktraktat *Musica Enchi-*

*riadis* um 895 nach Christus eine Mehrstimmigkeit: Ein Bordun, ein Dauerton, dient hierbei der Hauptstimme als Klangfundament. Diese Praxis wurde in der schriftlich fixierten Musik weitergeführt und dann erheblich erweitert. Damit war die Basis für das Komponieren mit Parametern wie Tonhöhe und Tondauer geschaffen.

Mehrstimmigkeit geht aus der Praxis der Gregorianik, dem einstimmigen, improvisierten, später komponierten und aufgeschriebenen Choralsingen hervor. Wegbereitend für die neue Idee, mehrere Töne oder Melodielinien gleichzeitig erklingen zu lassen, war die Entstehung der Modalnotation, die mit dem Bau der Kathedrale von Notre-Dame in Paris verknüpft ist. Die beiden Hauptvertreter der Notre-Dame-Epoche, Leoninus und Perotinus, entwickelten vermutlich in der zweiten Hälfte des 12. Jahrhunderts mit dem Organum und dem Conductus die ersten Formen der Mehrstimmigkeit. Im Organum wird der Hauptstimme, dem Cantus Firmus, eine noch überwiegend parallel laufende zweite Stimme im Abstand eines perfekten Intervalls, einer Quarte, Quinte oder Oktave, zugeordnet. Der *Magnus Liber Organi* wurde in der zweiten Hälfte des 12. Jahrhunderts von Leoninus begonnen, der vor allem zweistimmige Organa schrieb, die das Parallelorganum und die einstimmige Singweise der Gregorianik ablösten. Perotinus erweiterte das Organum-Buch durch drei- und vierstimmige Stücke (*organa tripla*, *organa quadrupla*) und Ersatzklauseln für liturgische Melodien.

Zwar ist der *Magnus Liber Organi* überliefert und kann zum Beispiel in der Herzog-August-Bibliothek in Wolfenbüttel eingesehen werden, dennoch haben wir von der konkreten Musikpraxis an Notre-Dame nur nebulöse Vorstellungen, und die heute publizierten Biographien von Leoninus und Perotinus sind mehr Fiktion als Realität. Denn allein der anonyme Musiktraktat *Anonymus IV* nennt diese beiden Namen, in den Musikhandschriften selbst werden keine Komponistennamen angegeben, und andere Quellen gibt es nicht.

Vermutlich ist für uns heute die spannendste Frage, inwiefern die Entwicklung der Mehrstimmigkeit parallel zur Entwicklung des gotischen Baustils verläuft. Während die Mehrstimmigkeit neue musikalische Möglichkeiten schafft und die Formen des Musizierens ausdifferenziert, bringt der gotische Baustil neuartige Raumvorstellungen hervor und erweitert die architektonischen Parameter in zuvor nicht geahntem Ausmaß. Die Mehrstimmigkeit ist somit nur eines von unterschiedlichen Symptomen einer neuen Zeit. Auch auf den Gebieten Politik, Ackerbau und Naturwissenschaft erweitern sich im 12. Jahrhundert die Möglichkeiten und Erkenntnisse der Menschen erheblich, so dass wir heute vom «modernen 12. Jahrhundert» sprechen.

**24. Was ist ein Minnesänger und was ein Meistersinger?** Berühmte und erfolgreiche Minnesänger wie Bernart de Ventadorn, Walther von der Vogelweide oder Beatriz de Dia waren die Stars des Mittelalters: Sie waren Dichter, Musiker und Entertainer in einer Person. Meist zogen sie umher, wenn sie nicht am Hof eines wohlhabenden Mäzens sesshaft wurden, und sangen vor dem höfischen Publikum über Kreuzzüge, politische Ereignisse und vor allem über die sogenannte Minne, die höfische Liebe, die in Frankreich als fin'amour bezeichnet wurde. Mit unserer heutigen Vorstellung von (romantischer) Liebe hat diese wenig gemein, vielmehr bezeichnet sie eine bestimmte Form der Frauenverehrung, die meist einem sehr eng gefassten Schema folgt: Ein Ritter, oft aus dem niederen Adel, besingt eine in der Standeshierarchie höher gestellte, meist verheiratete Dame; er gesteht ihr seine Liebe und Verehrung, obwohl er weiß, dass diese Dame eben aufgrund des Standesunterschieds und ihrer Ehe für ihn nie erreichbar sein wird. Dennoch schwört er ihr ewige Treue und beweist ihr seine Liebe in Liedern und durch seine Tapferkeit als Ritter. Hier kommt es nicht auf die Erfüllung der Liebe an, sondern gerade die Nichterfüllung läutert und veredelt den an der Liebe leidenden Ritter. Dieses Rollenspiel wurde von adeligen Trobairitz, die im 12. Jahrhundert in Südfrankreich wirkten, anders interpretiert: Hier steht die gleichberechtigte Liebe im Mittelpunkt, und der Angebetete ist weder unter- noch überlegen, sondern wird schlicht als «amic», Freund, bezeichnet.

Mit dem Verfall der ritterlichen Hofkultur, mit veränderten kulturellen und politischen Rahmenbedingungen als Folge der Kreuzzüge und Albigenserkriege und mit dem Rückgang des Mäzenatentums im adeligen Bereich seit dem 13. Jahrhundert ging auch die Kunst der Trobadors, Trobairitz und Trouvères unter. Mit zeitlicher Verzögerung gilt das auch für die Kunst der Minnesänger im deutschsprachigen Raum, die auf der französischen Kultur aufbaute. Als letzte Minnesänger gelten Oswald von Wolkenstein (1377–1445) und der sich selbst zum «letzten Ritter» stilisierende Maximilian I. von Habsburg (1459–1519).

Im Spätmittelalter erstarkte das städtische Bürgertum, das sich mit der in vielen Dingen als vorbildlich empfundenen höfischen Kultur auseinandersetzte und dabei auch auf die Minnedichtung des Hochmittelalters stieß. In umfangreichen Handschriften wurden Lieder gesammelt (ein beeindruckendes Beispiel ist die üppig und farbenprächtig illustrierte *Große Heidelberger Liederhandschrift*, nach ihrem wahrscheinlichen Auftraggeber auch *Manessische Handschrift* genannt) und zum Vorbild für eine eigene, bürgerliche Dichtung. Aus dieser Verbindung zum Minnesang des Mittelalters entstand der sogenannte Meistersang, eine oft an biblischen Themen orientierte (Lehr-)Dichtung, die nach strikten formalen Regeln von in Singschulen organisierten Bürgern und Handwerkern gepflegt wurde.

Während der Meistersang nach seiner Blüte im 15. und frühen 16. Jahrhundert noch bis in die Neuzeit hinein als Randerscheinung weiterexistierte, wurde der Minnesang erst wieder im 19. Jahrhundert von romantischen Dichtern und Philologen begeistert ausgegraben. Im Zuge der Idealisierung des Mittelalters glaubte man, hier Zeugnisse einer als vorbildlich empfundenen anderen, natürlicheren Welt zu finden. Das Mittelalter war Ziel der Sehnsucht, die besonders in der edlen Kunst der Trouvères, Trobadors und Minnesänger ihren Ausdruck fand.

Die Wiederentdeckung des Minnesangs ist ein komplexes Phänomen. Allein von den ca. 4000 Liedern der Trouvères, Trobadors und Trobairitz sind ca. nur zwei Drittel mit Melodien überliefert, deren Rhythmisierung und aufführungspraktische Umsetzung bis heute in der Forschung höchst umstritten ist.

**25. Wann ist Musik alt?** Die Frage, wann Musik alt ist, scheint auf den ersten Blick ganz und gar unverfänglich zu sein. Alte Musik ist die Musik, von der wir aus unseren Konzertbesuchen und aus der Schule wissen, dass sie vor der klassisch-romantischen Musik komponiert wurde. Ein Blick in die Geschichte zeigt uns aber, dass allein der Begriff «Alte Musik» eine Besonderheit darstellt.

Vom Mittelalter bis zur Mitte des 18. Jahrhunderts nämlich erklang in der Regel stets nur die Musik der unmittelbaren Gegenwart. Das in früherer Zeit Geschaffene verblasste im ständigen Fortschreiten der Musikgeschichte, wurde als «antiquus» bezeichnet und vergessen.

Im Grunde taucht vor 1920 die Bezeichnung «Alte Musik» überhaupt nicht auf, auch wenn sich bereits im späten 18. Jahrhundert das Interesse an älterer Musik zu regen begann. Hier nimmt eine ideengeschichtliche Tradition ihren Lauf, die ältere Musik wiederentdeckt und für bewahrenswert hält. Alte Musik meinte um 1800 das, was wir heute «Musik der Renaissance und des Frühbarock» nennen würden. Mittelalterliche Musik war noch unbekannt, aber die Haltung diesen frühen Musikformen gegenüber prägte das System musikalischer Theoriebildung, in das die mittelalterliche Musik später eingefügt wird. Eine «Phänomenologie der echten, alten Musik» wird entwickelt, die Zeichen der Zeit vom Historismus bestimmt.

Im 19. Jahrhundert wurden in Deutschland die *Berliner Singakademie* und der *Heidelberger Singverein* gegründet. Dieser Sängerbund wurde zwischen 1811 und 1814 gebildet und bestand bis zum Tod des Begründers, Anton Friedrich Justus Thibaut, Autor des vielgelesenen Pamphlets *Über Reinheit der Tonkunst*, im Jahr 1840. Diese Institutionen griffen die frühe englische Idee einer *Academy of Ancient Music* auf, die 1710 in London gegründet worden war. Für den Heidelberger Singverein, der sich der älteren Vokalpolyphonie verschrieb, griff Thibaut auf die Neuausgaben älterer geistlicher Vokalmusik zurück, die ab 1806 in Paris von Alexandre-Etienne Choron veröffentlicht wurden. Auch in Paris wurde die Liebe zur älteren Musik ausgiebig gepflegt: 1817 gründete Choron ein privates Konservatorium, die *Institution Royale de Musique Classique et Religieuse*, mit dem Ziel, sowohl Kantoren auszubilden als auch die *musique sacrée et classique* aufzuwerten – ein Bestreben, das die Nachfolgeeinrichtung, die *Ecole de Musique Religieuse et Classique*, noch unter Louis Niedermeyer prägte. Gemeinsam ist diesen Bestrebungen eine dezidiert historische Haltung, sie alle verschrieben sich auf sehr unterschiedliche, national-patriotisch gefärbte Art der Pflege älterer Musik, die dem gebildeten Publikum nahegebracht und durch eine neu begründete Aufführungspraxis wiederbelebt werden sollte.

Mit der Etablierung der Musikwissenschaft in der zweiten Hälfte des 19. Jahrhunderts setzte die Wiederentdeckung älterer Musik explosionsartig ein, und die Grundlagen historischer Aufführungspraxis wurden gelegt.

Mit der neuerlichen Verfügbarkeit von Gesamtausgaben und wissenschaftlichen Editionen selbst mittelalterlicher Musik bildete sich ein immer größer werdender Zirkel spezialisierter Musiker heraus, der sich ausschließlich mit der nunmehr «Alten Musik» beschäftigte. In den 1920er Jahren wurde die historische Aufführungspraxis etabliert, Musikgeschichte öffentlich diskutiert und die Rede von «alter Musik» zum Gespräch über «Alte Musik», mit emphatischem großen «A». «Alte Musik» klang jetzt nicht mehr nach etwas Veraltetem, sondern bezeichnete etwas Kostbares, das vor dem Vergessen bewahrt werden musste.

Heute gibt es eine Vielzahl von hochspezialisierten Ensembles für Alte Musik (zum Beispiel *Anonymus IV*, das *Hilliard Ensemble*, *Gothic Voices*, *Concerto Köln* oder der *Concentus Musicus Wien*), die sich teilweise allein auf einzelne Jahrhunderte oder Länder beziehungsweise nur einige wenige Komponisten konzentrieren. Sie versuchen, sich der Alten Musik mit den Techniken einer authentischen Aufführungspraxis auf dem Wege größtmöglicher historischer Kenntnis zu nähern. Mit ihrem ganz eigenen musikalischen Klangcharakter, der unter anderem durch die Verwendung alter Originalinstrumente wie zum Beispiel der Barockgeige entsteht, haben die Ensembles seit den 1970er Jahren eine große Fangemeinde um sich gesammelt. Damit wird deutlich, dass es im Grunde überhaupt keine alte oder neue Musik gibt: Denn wenn die «Alte Musik» in der Gegenwart an Bedeutung gewinnt und ihre Interpreten und Hörerinnen findet, ist sie nicht alt, sondern jung und frisch – und neu.

**26. Wann ist Musik neu?**   Im Grunde ist Musik immer neu – Hören ist ein Prozess, der in der Gegenwart verläuft. Historisch betrachtet entsteht Neues immer dann, wenn etwas Traditionelles abgelöst und überarbeitet wird.

Meist geschieht dies nicht abrupt, sondern parallel, in der Auseinandersetzung mit dem Etablierten. Dies wird in der Musikgeschichte des 20. Jahrhunderts besonders deutlich. Hier wird, um den Aspekt der radikalen Erneuerung zu unterstreichen, zeitgenössische auch «Neue Musik» genannt. Seit den 1920er Jahren meint sowohl «Alte Musik» als auch «Neue Musik» eine Tonsprache, die nicht dur-moll-tonal gebunden und selten im «normalen» Konzertrepertoire anzutreffen ist.

Im Konzertbetrieb wird häufig Neue Musik als «moderne Musik» bezeichnet. So schwierig auch der Begriff «Moderne» zu definieren ist, die Musik, die vor, während und nach dem Ersten Weltkrieg entsteht, ist tatsächlich radikal anders als das bis dahin Komponierte.

Allein zwischen 1908 und 1912 entstehen so wegweisende Werke wie das zweite Streichquartett in fis-moll op. 10, die Klavierstücke op. 11 und die sechs Klavierstücke op. 19 von Arnold Schönberg, die sechs Orchesterstücke op. 6 von Anton von Webern, die vierte Symphonie von Charles Ives, die Ballettmusik *Le Sacre du Printemps* von Igor Strawinsky und Béla Bartóks Oper *Herzog Blaubarts Burg*. In der bildenden Kunst sind Pablo Picasso, Gabriele Münter oder Wassily Kandinsky Wegbereiter der Moderne, in der Literatur Franz Kafka, James Joyce oder Marcel Proust, die durch ihre innovative Verwendung von Sprache und Form den Weg in eine neue Ästhetik bereiten. Genauso werden in moderner Musik Parameter wie Form und Instrumentierung innovativ bearbeitet. Die Grundelemente Melodie, Harmonik und Rhythmus bleiben nicht allein Mittel, sondern werden Thema der Musik.

In der jüngeren Musikgeschichte gehen Komponisten wie Karlheinz Stockhausen, Pierre Boulez, John Cage, György Ligeti, Adriana Hölszky, Isabel Mundry und andere viel weiter: Auf der Suche nach gänzlich Neuem verlassen sie tradierte Formen und Kompositionsnormen, indem sie sich an provozierenden Konzepten und neuen Darstellungsformen versuchen. Somit sprengen sie die Hörgewohnheiten unserer tonal geprägten Musikerfahrung. Hierin mag vielleicht die große Skepsis vieler Hörer an der Neuen Musik begründet liegen. Gerade bei einer so direkt und emotional wirkenden Kunstform wie Musik wirkt Fremdes und Ungewohntes schnell bedrohlich und ruft leicht eine Abwehrreaktion hervor. So wie neue Schuhe erst einmal eingelaufen werden müssen, muss man sich auch an neue Höreindrücke gewöhnen und sich auf sie einlassen.

Wenn Sie sich mit moderner Musik schwer tun, versuchen Sie, sich bei Ihrer nächsten Begegnung von Hörgewohnheiten zu lösen. Tauchen Sie in eine neue Architektur des Klangs ein, zum Beispiel in Ligetis *Atmosphères*, und bemühen Sie sich um Unvoreingenommenheit: Lassen Sie die Musik einfach auf sich wirken, es ist einen Versuch wert. Alle Musik war irgendwann einmal neu!

**27. Ist die Wiener Schule eine Schule?** Immer wieder war Wien ein wichtiges Zentrum der westeuropäischen Musikgeschichte – herauszuheben ist insbesondere die Zeit der Wiener Klassik und ihrer Komponisten Mozart, Haydn und Beethoven sowie der Beginn des 20. Jahrhunderts, als Schönberg, Berg und Webern anfingen, die freie

Atonalität nach neuen Regeln zu ordnen und Schönberg die Zwölf- tontechnik entwickelte. Die Wegbereiter der Wiener Klassik bezeich- net man als erste Wiener Schule, die letztgenannte wird heute als zweite Wiener Schule definiert.

Die Werke dieser Komponisten waren bahnbrechend. Sie etablier- ten einen neuen Stil, und ihr Einfluss auf die nachfolgenden Genera- tionen war gewaltig. Immer wieder also, wenn eine Gruppe von Kom- ponisten durch vorher undenkbare Neuerungen die Musik ihrer Zeit revolutionierte, gab ihr die Geschichte einen Namen.

Zur Zeit der ersten Wiener Schule lösten sich Komponisten wie Georg Matthias Monn, Marianne Martinez und Georg Christoph Wagenseil von den als veraltet empfundenen barocken Formen und Ausdrucksweisen. Unsere Symphoniekonzerte wären wahrschein- lich weniger interessant, hätten nicht die Komponisten der Mann- heimer Schule um Johann Stamitz die fließende Dynamik entwi- ckelt – außerdem hätten Laienorchester heute eine Sorge weniger, hätte man sich damals nicht für einen einheitlichen Bogenstrich ent- schieden. Die Zwölftontechnik der zweiten Wiener Schule wurde in der seriellen Musik beständig weiterentwickelt, die zeitgenössische Musik ist ohne diese Errungenschaft *so* nicht denkbar.

Von einer Schule erwarten wir, dass sie auf das Leben vorbereitet, dass in ihr das Lernen gelernt und Wissen weitergegeben wird. Be- trachtet man die musikgeschichtlichen Schulen, erkennt man auch hier die Lehrmeister und ihre Nachfolger – zum Teil unterrichteten die Komponisten selbst die Schüler (Schönberg beispielsweise Berg und Webern). Zumeist entfalteten ihre Werke aber vielmehr indirekte Wirkung auf eine große Schar von Tonkünstlern, die diese bedeu- tenden Kompositionen studierten. Wenn man so den Begriff «Schule» auf den Stil erweitert, ist beispielsweise die Komponistin Louise Farrenc durch die Lehrzeit bei ihrem Kompositionslehrer Anton Reicha, einem mit Beethoven befreundeten Musiker, eine franzö- sische «Beethovenschülerin». Die Wiener Schule wurde durch aktive Vermittlung im 19. Jahrhundert zu einer überregionalen und über- zeitlichen Schule, die auch heute noch Komponisten prägt. Am Werk Mozarts und Beethovens wird man sich ebenso wenig jemals wirklich abarbeiten können wie am Werk Bergs oder Weberns. Sie machen wei- terhin «Schule».

**28. Wurde Mozart in einem Armengrab verscharrt, und wo liegt eigentlich Bach?** Nicht nur die Einzelheiten ihres Lebens, sondern gerade auch der Tod berühmter Persönlichkeiten war, ist und bleibt etwas Faszinierendes. Wie in der römisch-katholischen Kirche Reliquien eine große Bedeutung zukommt, ist durch die Nobilitierung der Musik im 19. Jahrhundert der Komponist als besonders begnadetes Individuum ins Blickfeld gerückt – und damit auch seine sterblichen Überreste und seine letzte Ruhestätte.

In der Musikgeschichtsschreibung ist der 5. Dezember 1791, an dem Wolfgang Amadeus Mozart mit 35 Jahren verstarb, der Tag, um den sich die meisten Legenden ranken. So glauben viele Menschen heute, dass Mozart vergiftet und dann in einem Armengrab verscharrt wurde. Mit diesen Geschichten wird dem Klischee eines von der Welt missachteten Ausnahmegenies entsprochen. Die mittlerweile widerlegte Vergiftungshypothese hält sich durch den Film *Amadeus* von Milos Forman weiterhin hartnäckig, obwohl der Film nicht auf Fakten, sondern auf einem Theaterstück basiert. Auch die Bezeichnung Armengrab trifft die historische Wahrheit nicht: Die Bestattungsgepflogenheiten entsprechen denen der Zeit im Wien um 1791. Die Josephinische Begräbnisordnung von 1784 sah nur eine Trauerfeier in einer Kirche vor, anschließend eine «Eingrabung ohne Gepränge» auf den neuen, vor den Toren der Stadt eingerichteten Friedhöfen, wo die Toten, in ein leinernes Tuch eingenäht, bestattet wurden. Fast immer wurden mehrere Tote in eine Grube gelegt, ungefähr 85 Prozent der damaligen Bevölkerung fand so ihre letzte Ruhe. Mozarts Begräbnis ist also keine Ausnahme.

Bei Beethovens Tod im Jahre 1827 war von diesem Puritanismus dagegen nicht mehr viel zu merken. Die Vorstellung vom Künstler als einem göttlich inspirierten Menschen, der nicht mit normalen Maßstäben zu messen sei – und daher auch mit besonderen Ehren zur letzten Ruhe gebettet werden müsse –, hatte sich als romantisches Genie-Ideal etabliert: 20 000 Menschen säumten Beethovens Trauerzug. Sein Grab kann heute, wie übrigens auch das von Schubert, Strauss und vielen anderen Musikerinnen und Musikern, auf dem Wiener Zentralfriedhof besucht werden.

Und Bach? Bei Bach, der mit 65 Jahren, am 28. Juli 1750 in Leipzig starb, fehlen die geheimnisvollen Elemente, die Mozarts Tod so interessant machen. Aber auch hier gibt es einen Mythos: Der sterbende Bach soll einem Freund den Orgelchoral *Wenn wir in höchsten Nöten sein/Vor Deinen Thron tret' ich hiermit*, BWV 668a, diktiert haben. Hier erzählt die Legende also nicht von tragischen Umständen, sondern hebt Bachs tiefe Verhaftung im christlichen Glauben hervor. Sein Grab ist heute, nach zweimaliger Verlegung, in der Leipziger Thomaskirche zu finden.

### 29. Wer sind Florestan, Eusebius, Kapellmeister Johannes Kreisler und Monsieur Croche?

Wenn man in gewichtigen, insbesondere künstlerischen Dingen eine kritische oder abweichende Meinung hat, kann es manchmal besser sein, sich für ihre Veröffentlichung ein Pseudonym zuzulegen. Will man etwas angreifen, das gesellschaftlich hoch im Kurs steht, anerkannt und beliebt ist, lässt sich die eigene Position durch den Mund einer fiktiven, oft überspitzt gezeichneten Person leichter formulieren. Diese Tatsache war vermutlich auch für Robert Schumann, E.T.A. Hoffmann und Claude Debussy ausschlaggebend, als sie sich für die Veröffentlichung ihrer Musikkritiken ein Alter Ego entwarfen.

Robert Schumann wählte dabei gleich zwei Phantasiegestalten gegensätzlichen Charakters, den kraftvollen und energischen Florestan und als Widerpart seinen empfindsamen Bruder Eusebius, um so unterschiedliche Ansichten der von ihm kritisierten Werke ausdrücken zu können. E.T.A. Hoffmann griff bei der Suche nach einem Pseudonym auf eine seiner eigenen Romanfiguren zurück und veröffentlichte seine Musikkritiken unter dem Namen des Kapellmeisters Johannes Kreisler, einer Figur, die er in dem Roman *Lebensansichten des Katers Murr* als Inbegriff des Originalgenies dargestellt hatte. Claude Debussy schließlich entwarf – in Anlehnung an eine fiktive Figur des Literaten und Essayisten Paul Valéry – mit Monsieur Croche («Herr Achtel-Note») eine unsympathische und elitäre Kunstfigur, die, sich selbst als «Antidilettant» bezeichnend, bestens geeignet war, mit dem zeitgenössischen Kulturbetrieb abzurechnen.

Gemeinsam ist allen vier Figuren, dass sie deutlich Position bezogen, nicht nur mit den ihnen in den Mund gelegten Aussagen, sondern auch über ihren Personentypus selbst. Alle vier verkörpern ein bestimmtes Kunstkonzept: Florestan, Eusebius und Johannes Kreisler sind Repräsentanten des romantischen Genietyps, der grantelnde Monsieur Croche steht für den konservativen, über den Verfall der Kultur schimpfenden Kunstliebhaber des frühen 20. Jahrhunderts. Außerdem verweisen die Figuren in ihren Eigenschaften mehr oder weniger direkt auf die Person ihres Schöpfers, repräsentieren sie doch auch immer Selbstbilder und (Anti-)Idealvorstellungen. Bei Schumann und Hoffmann stehen die Phantasiefiguren zudem für die romantische Idee von der Verbindung der Künste miteinander: Die Musikkritiken werden poetisiert, erscheinen selbst als Literatur. Man kommentiert und kritisiert also Kunst durch Kunst und unterstreicht damit die Vorstellungen von einer umfassenden künstlerischen Sphäre, die den Schöpfer umgibt.

**30. Warum gibt es in der Musikgeschichte so wenige Komponistinnen?** Es gibt sie, die Komponistinnen, tausende Komponistinnen, deren Schaffen seit der Antike belegt ist. Aber zwei Faktoren haben dazu geführt, dass es deutlich weniger Komponistinnen als Komponisten gibt und dass ihre Werke weiterhin im Konzertleben der Gegenwart nur am Rande existieren: Die soziokulturellen Bedingungen machten es Frauen jahrhundertelang unmöglich, eine professionelle musikalische Ausbildung zu erhalten, und die Musikgeschichtsschreibung fußte lange Zeit auf einem Heroen- und Geniekult, in dem das musikalische Wirken von Frauen kaum ins Blickfeld gerückt wurde. Während die Vorstellung, männliche Komponisten würden für die Welt komponieren und eine alle Menschen betreffende Musik schreiben, tief verankert zu sein scheint, hält sich weithin noch die Vorstellung, Frauen würden weibliche Musik und damit nur für das eigene Geschlecht komponieren.

Im Mittelalter, als die Kirche das Zentrum der Musikausübung und -ausbildung sowie Geburtsstätte der schriftlichen Musikkultur war, hatten Frauen keinen Zugang zu Lateinschulen und konnten somit nicht Mitglieder der Gesangsschule werden, die auf ein musikalisches Amt in der Kirche vorbereitet hätte. Die zeitgenössische Scholastik leitete außerdem aus der Genesis und der antiken Philosophie die Unterlegenheit der Frau ab, womit ihr die aktive Mitgestaltung am Gottesdienst und am öffentlichen Leben untersagt wurde. Im 18. Jahrhundert löste die Aufklärung die Forderung nach menschlicher Selbstbestimmung nur für den Mann ein und verstärkte die Geschlechterpolaritäten, denn das bürgerliche Ordnungsmodell der Kleinfamilie sah für Frauen die private Rolle als Hausfrau und Mutter vor. Erst seit dem Zweiten Weltkrieg haben Frauen uneingeschränkt Zugang zu musikalischen Bildungsinstitutionen und damit zu einer Ausbildung zur Komponistin. Heute bereichern zahlreiche

*Abb. 5:* Cecilia Maria Barthélémon (1769/70 bis nach 1841). *Three Sonatas* [C, Es, E] *for the Piano-Forte or Harpsichord* [1791]. Die Sonaten dieser Sammlung sind in einem brillanten, deutlich an Clementi orientierten Stil gehalten und lassen die hohen pianistischen Fähigkeiten der Komponistin erkennen. Unter den Subskribenten dieses Druckes waren Charles Burney, Muzio Clementi, Joseph Haydn und Wolfgang Amadeus Mozart. Die Noten werden gemeinsam mit zahllosen weiteren Kostbarkeiten in der Rara-Sammlung des fmg (Forschungszentrum Musik und Gender) der Hochschule für Musik und Theater Hannover aufbewahrt.

Komponistinnen die vielseitige Neue-Musik-Szene wie etwa Pauline Oliveros, Olga Neuwirth, Jamilia Jazylbekova, Adriana Hölszky, Kaaja Saariaho, Kirsten Reese, Sofia Gubaidulina, Unsuk Chin, Rebecca Saunders, Carola Bauckhold, Isabel Mundry, Chaya Czernowin, Liza Lim, Elena Mendoza-López, Charlotte Seither, Misato Mochizuki, Younghi Pagh-Paan, Juliane Klein.

Das bedeutet jedoch nicht, dass es zuvor keine komponierenden Frauen gegeben hat. Insbesondere adlige Frauen wie Barbara Strozzi (1619–1677) oder Wilhelmine von Bayreuth (1709–1758) erhielten oft eine hochwertige musikalische Privatausbildung, die ihnen das Komponieren ermöglichte. Komponistinnen wie Franziska Lebrun und ihre Schwägerin Margarethe Danzi in der Mannheimer Schule, Maria Theresia von Paradis, Marianne Martinez und viele andere belegen, dass es auch im 18. Jahrhundert einen Weg zum Komponieren gab. Komponistinnen des 19. Jahrhunderts wie Fanny Hensel, Emilie Mayer, Augusta Holmès, Louise Farrenc, Luise Adolpha Le Beau oder Johanna Kinkel waren mit der Schwierigkeit konfrontiert, neben ihren familiären Aufgaben Freiräume für das Komponieren zu finden und ihr Tun professionell gewürdigt zu wissen, suchten aber Mittel und Wege für ihre Kunst, auch wenn sie die wenigsten ihrer Werke öffentlich aufgeführt oder gar gedruckt sahen. Die englische Komponistin Ethel Smyth (1858–1944) ist eine der ersten, die zu Beginn des 20. Jahrhunderts mit großen Chor-, Orchester- und Opernwerken in der Öffentlichkeit Anerkennung fand.

Wenn man Musikgeschichte als komplexes Netzwerk betrachtet, sich also mit kulturellen Rahmenbedingungen und Handlungsspielräumen beschäftigt, kann man nicht nur Komponistinnen entdecken, sondern auch erkennen, dass Frauen zu allen Zeiten das Musikleben als Musikerinnen und Mäzeninnen aktiv mitgestaltet haben – neben den Tausenden von Komponistinnen aus 900 Jahren Musikgeschichte, deren Werke noch der Entdeckung und Wiederaufführung harren. Luise Adolpha Le Beau (1850–1927) schreibt im Vorwort zu ihrer Biographie:

«Ritter (ein Musikhistoriker des 19. Jahrhunderts) vergleicht in seiner Enzyklopädie der Musikgeschichte, Bd. 5, Seite 193, das Musikschaffen des 19. Jahrhunderts mit einem großen Walde, der mit allen möglichen Baumarten bestanden ist und sagt, dass nicht nur die wenigen Riesenbäume den Wald ausmachen, sondern dass auch die kleinen Bäume, Sträucher, Gräser, Blumen und Moose nötig seien, um demselben den eigentümlichen Charakter zu verleihen. Ich weiß sehr gut, dass ich nicht zum großen Gehölz gehöre! Allein viele meiner Kollegen, die sich sehr erhaben über mich dünken, sind auch nicht größer als ich. Was mir an Gaben geschenkt wurde, habe ich nach Kräften gepflegt; mehr kann niemand tun! Ich habe aber auch die Kleinen nicht verachtet, sondern mich an allen Musikwerken erfreut, sofern sie künstlerisch ernst und wahr gemeint waren. (...) Sollte eine oder die andere meiner Kompositionen wert sein, späteren Generationen noch zu gefallen, so habe ich nicht umsonst geschrieben.»

**31. Wieso wird immer weiter komponiert, obwohl es doch schon so viel Musik gibt?** Von Musik kann man nie genug haben! So könnte die Antwort lauten, aber warum können wir von Musik nicht genug haben, und warum ist das musikalische Material niemals erschöpft? Seit es den Menschen gibt, gibt es auch Musik. Im Laufe der Jahrtausende haben sich Instrumentarium, Notenschrift und Geschmack stets verändert, und auch die Beweggründe des Komponierens waren für Johannes Ciconia im 14. Jahrhundert, Georges Bizet im 19. Jahrhundert und Betsy Jolas im 20. Jahrhundert andere. Das menschliche Verlangen nach schöpferischer Tätigkeit besteht fort, ein Bedürfnis, immer wieder nach adäquaten Ausdrucksmöglichkeiten zu suchen und musikalisch Antworten auf die Frage zu geben, was der Mensch eigentlich ist. Kann jemals alles gesagt sein? Bringt nicht vielmehr jeder Mensch schon durch seine Existenz eine neue Facette, einen neuen Blickwinkel, einen neuen Gedanken mit auf die Welt? Musik ist eine Sprache, die man in Dialekten auf der ganzen Welt spricht. Für Komponisten ist diese Sprache auch aus diesem Grund reizvoll, zu fast allen Anlässen und Gelegenheiten haben sie sich musikalisch zu Wort gemeldet. Obwohl oder gerade weil unsere Welt tönt und uns Musik heute an jeder Straßenecke begegnet – allgegenwärtig ist, auch wenn wir sie gar nicht mehr bewusst wahrnehmen –, wählen Menschen Musik als Ausdrucksmittel. Musik wird aber auch produziert, weil sie heute einen enormen Marktwert hat. Mit dem Notendruck, der fast gleichzeitig mit dem Buchdruck im späten 15. Jahrhundert aufkam, wurde Musik reproduzierbar und hielt Einzug in alle Wohnzimmer. Damit wurde sie als Ware entdeckt, die mit der Technik der Schallspeicherung seit Mitte des 19. Jahrhunderts auch als reines Konsumgut verkauft werden konnte. Solange es Menschen gibt, die Musik hören, wird es auch Menschen geben, die Musik produzieren.

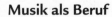

## Musik als Beruf

**32. Warum sind alle Söhne Bachs ebenfalls Musiker geworden?** Die Familie Bach hat in viele Schulbücher Einzug erhalten, nicht nur in die für das Fach Musik: Die Tatsache, dass über mehrere Generationen fast alle männlichen Mitglieder Kantoren und Komponisten wurden, soll als lehrreiches Beispiel für die Vererbung einer Veranlagung dienen, Musikalität wird als Teil der genetischen Erbinformation dargestellt. Doch übersieht diese These den wichtigen Aspekt der frühkindlichen Prägung und Ausbildung.

Noch bis ins 20. Jahrhundert hinein war es für heranwachsende Söhne üblich und oft selbstverständlich, den Beruf des Vaters zu ergreifen: Der Bäckersohn wurde Bäcker, der Schreinersohn Schreiner, und auch für Bachs Kinder war der Musikerberuf das Nächstliegende, gingen doch auch schon der Vater Johann Sebastians sowie fast alle seiner Onkel und Brüder dieser Profession nach. Die Musikgeschichte ist durchzogen von diesem Phänomen musikalischer Erziehung. Ohne ein musikalisches Elternhaus Musiker zu werden, war die Ausnahme, nicht die Regel. Natürlich waren trotz des «Familienzwangs» Neigung und Musikalität Voraussetzung zur erfolgreichen Ausübung des Berufs. Doch auch unter diesem Aspekt scheint die Vererbung nicht die entscheidende Rolle zu spielen: Die ganze Familie Bach lebte, etwa in Leipzig im Gebäude der Thomasschule, auf engstem Raum zusammen. Privatleben und Beruf waren nicht voneinander zu trennen, Musik erfüllte das Haus von morgens bis abends. Es wurde geprobt und geübt, komponiert und kopiert (es wohnten auch noch Schüler mit bei der Familie), und dass alle Familienangehörigen darüber hinaus auch gerne zur Unterhaltung musizierten, ist hinlänglich überliefert. Vom ersten Tag ihres Lebens an hörten die Kinder täglich über Stunden ganz selbstverständlich Musik. Moderne Untersuchungen zeigen, wie stark die Musikalität eines Menschen von den Hörgewohnheiten der ersten Lebensjahre abhängt. Tradition und familiäre Prägung waren also bedeutsame Faktoren in der Berufswahl der Bach-Söhne, wobei diese Musikerfamilie nur das prominenteste Beispiel der Barockzeit ist. Der Erfolg der so außerordentlich begabten Söhne Carl Philipp Emanuel, Friedemann und Johann Christian ist natürlich auch Johann Sebastian Bachs Fähigkeiten als Pädagoge zuzuschreiben.

**33. Was ist ein Konservatorium?** Wie man durch das lateinische Wort «conservare» (bewahren) vermuten mag, geht es hier um eine Institution, die bewahren, tradieren soll. Ein Konservatorium ist eine Ausbildungsstätte für Musiker, Musikerinnen und Musikpädagogen.

Ursprünglich bezeichnete der Begriff eine Art Aufbewahrungsanstalt; die Ospedali, Waisenhäuser in Venedig und ab dem 16. Jahrhundert in ganz Italien, wurden gelegentlich auch als Conservatorio bezeichnet. Da die kirchlichen Träger der Waisenhäuser großen Wert auf musikalische Erziehung legten, wurde der Begriff zunehmend im Bereich der musikalischen Ausbildung verwendet. Obwohl es Mädchen zu dieser Zeit verboten war, in Kirchen zu singen, erhielten diese genau wie Jungen Gesangsunterricht von den besten Komponisten der Stadt. Die ersten professionellen Sängerinnen wuchsen in diesen Konservatorien heran. Vermehrt ließen Familien ihre Kinder in Konservatorien ausbilden, und der Begriff löste sich von seiner ursprünglichen Bedeutung. Das Konservatorium wurde vom Waisenhaus zu einer Ausbildungsstätte für Musikerinnen und Musiker. Bedeutende Konservatorien entstanden unter anderem in Paris (1795), Prag (1811), Wien (1817), Leipzig (1843), Berlin (1850) und Sankt Petersburg (1862). In Deutschland sind Konservatorien meist in Musikhochschulen aufgegangen, und die wenigen Konservatorien, die es in Deutschland noch gibt, haben sich stark auf die Laienausbildung oder die Studienvorbereitung spezialisiert. Das Peter-Cornelius-Konservatorium der Stadt Mainz, das Hamburger Konservatorium oder auch das Dr. Hoch's Konservatorium Frankfurt bilden noch heute Berufsmusiker aus. In Italien, Frankreich, den USA oder auch der Schweiz heißen manche Ausbildungsstätten für Musiker noch immer Konservatorium – wie das New England Conservatory of Music in Boston oder das Conservatorio Padre Martini in Bologna. Wenn ein Konservatorium Promotionsrecht besitzt, also Musikwissenschaftlern den Titel «Doktor der Philosophie» verleihen darf, wird es im deutschsprachigen Raum entweder als Hochschule für Musik oder Universität bezeichnet, wie die Universität der Künste in Berlin oder die Universität der Musik Wien.

**34. Wie lange muss man üben?** «Übung macht den Meister!» So wie Leistungssportler intensiv trainieren, um Medaillen zu erkämpfen, müssen sich Musiker ihren Applaus hart erarbeiten. Das Üben

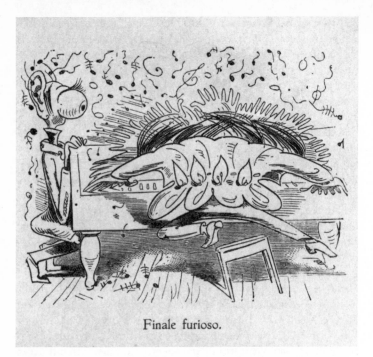

Finale furioso.

*Abb. 6:* Das *Finale furioso* aus der Bildserie *Das Neujahrskonzert* von Wilhelm Busch (1832–1908). Der Karikaturenserie ist ein Gedicht von Wilhelm Busch beigegeben: «Zum neuen Jahr begrüßt euch hier/Ein Virtuos auf dem Klavier./ Er führ' euch mit Genuß und Gunst/Durch alle Wunder seiner Kunst.»

dient der kontinuierlichen Verbesserung eines instrumentalen oder vokalen Vortrags und der Ausprägung musikalischer sowie spieltechnischer Fähigkeiten. Dabei ist die Frage nach einem zeitlichen Richtwert für ein effektives Üben, das mit einer bestimmten Spielleistung korreliert, kaum zu beantworten. Es kommt darauf an, wer, was, wie, mit welchem Ziel und Qualitätsanspruch übt.

Üben ist eine individuelle und persönliche Tätigkeit, deren Dauer und Effizienz vom Alter des Musikers, seiner körperlichen und psychischen Belastbarkeit, Auffassungsgabe, Konzentrationsfähigkeit und vom Instrument abhängig ist. Im Gegensatz zu Streichern oder Pianisten benötigen Bläser beispielsweise zwischen kürzeren Übe-Einheiten ausreichende Pausen zur Entspannung ihrer Atem- und

Mundmuskulatur. Oft gehört zum Bild eines Wunderkindes tägliches, stundenlanges Üben. Tatsächlich waren im 19. Jahrhundert für Kinder und Jugendliche, die auf eine Karriere als Berufsmusiker zusteuerten, umfangreiche Übezeiten verbindlich. Da das Üben aber möglichst facettenreich sein sollte, lässt es sich kaum auf eine konkrete Stundenanzahl oder einen Zeitraum begrenzen.

Üben heißt: sich eine gesunde Spielhaltung anzutrainieren, sich ein Musikstück anzueignen, die Partitur zu analysieren und die Noten einzustudieren. Zudem sollte man ein Musikstück auswendig lernen und verschiedene persönliche Interpretationen sowie Spielweisen ausprobieren. Technisch schwierige Passagen müssen wiederholt werden, um sie auf Fehlerlosigkeit und Spielsicherheit zu trainieren. Darüber hinaus ist es wichtig, das Zusammenspiel mit anderen Musikern zu proben und Aufführungssituationen vorzubereiten. Je mehr Repertoire ein Musiker beherrschen muss, desto mehr Zeit verbringt er mit seinem Instrument. Üben ist aber nicht gleich Üben und will auch geübt sein! In der Instrumental- und Vokalausbildung lernen Musikstudenten, die mehrstündige Übezeit optimal einzuteilen und bestimmte Übetechniken sinnvoll einzusetzen. Wer Berufsmusiker werden will, muss täglich üben – ein Leben lang.

**35. Was ist ein Virtuose?** Virtuosität bezeichnet brillante technische Fähigkeiten und gehört fast immer zur Grundausstattung erfolgreicher Interpreten. Bis ins 19. Jahrhundert war die Personalunion von Interpret und Komponist selbstverständlich, wie Domenico Scarlatti, Mozart und Beethoven beweisen; oftmals kamen improvisatorische Fähigkeiten hinzu, wie etwa im Beruf des Organisten. Im 19. Jahrhundert wurde der Virtuose zum Prototyp des romantischen Genies, in ihm vereinten sich handwerkliches Können, geistige Fähigkeiten, subjektives Gefühl und Werktreue; Virtuosität wurde zur Interpretationskunst. Dieser Künstlertypus ist gekennzeichnet von der romantischen Verklärung des großen, unverstandenen Individuums sowie dem Hang zur Selbstinszenierung, Exzentrik und Legendenbildung. Mit vielen dieser Zuschreibungen antizipiert das romantische Genie den modernen Starkult. Im 19. Jahrhundert verkörpern vor allem der «Teufelsgeiger» Niccolò Paganini und der Pianist Franz Liszt diese Eigenschaften. Ihr Erfolg ist nicht ohne ein bürgerliches, öffentliches Konzertpublikum denkbar, das die Virtuosen kultisch verehrte. Die aufgeführten Werke waren dabei ganz auf diese zugeschnitten: Bestanden die Programme der Akademiekonzerte Mozarts noch aus einer Vielfalt an Gattungen, so wurde nun ausschließlich Sololiteratur gespielt, darunter auch Transkriptionen von Symphonien und Opern sowie Variationen über bekannte Melodien. Der Klaviervirtuose galt als Leitbild für die Angehörigen bürgerlicher Schichten, die selbst ihr Klavierspiel perfektionieren wollten. 1834 erschienen dazu Carl Czernys *40 Übungen zum Erlangen und Bewahren der Virtuosität*. Er verlangte Fleiß, Disziplin und Stetigkeit für den Erfolg; Tugenden, die nicht nur im Klavierspiel, sondern allgemein im bürgerlichen Gesellschafts- und Geschäftsleben galten. Im Laufe des 19. Jahrhunderts wurde der Musiker zunehmend zum reinen Interpreten (so zum Beispiel der Geiger Joseph Joachim), was sich im 20. Jahrhundert vollends durchsetzte. Die Virtuosität ist heute nicht mehr allein entscheidendes Kriterium, aber sie lebt als bewundertes Faszinosum in jeglicher Musik weiter. Beispiele aus dem 20. Jahrhundert sind die Cellistin Jacqueline du Pré, der Trompeter Walter Scholz, der Flötist Jean-Pierre Louis Rampal, die Geigerin Midori Goto, die Sängerin Renée Fleming und die Pianistin Gabriela Montero, die als eine der wenigen Musikerinnen im Anschluss an klassische Konzertabende sogar auf Zuruf improvisiert.

**36. Was verdient ein Komponist?**   Betrachtet man die vergangenen Jahrhunderte, so hat sich die wirtschaftliche Situation für Notendichter viele Male grundlegend geändert. Während bis ins 18. Jahrhundert hinein die meisten Komponisten bei Kirche oder Hof in Lohn und Brot standen und keine Rechte an ihren Werken geltend machen konnten, ermöglichten neue Vervielfältigungsverfahren die zunehmende Kommerzialisierung der Musik. Mit dieser Entwicklung entstand die Idee des geistigen Eigentums. Die Annahme, dass Menschen nicht nur Gegenständliches, sondern auch Immaterielles besitzen können, verbreitete sich im 19. Jahrhundert. Sie war revolutionär und von unschätzbarem Einfluss auf unser heutiges Urheberrecht. Bis dahin beschränkte sich das Eigentum auf die konkrete Partitur. Wurde sie abgeschrieben, hatte der Komponist keinerlei Möglichkeiten zur Intervention. Heute ist in Deutschland das geistige Eigentum an musikalischen Werken nicht übertragbar.

Während noch vor zweihundert Jahren Komponisten üblicherweise abhängig von Auftraggebern wie adligen Mäzenen und der Kirche waren, lehren die meisten Komponisten heutzutage als Professoren an Hochschulen. Viele arbeiten aber auch in anderen Bereichen der Musikbranche, manche haben keinerlei feste Anstellung. Auftragskompositionen sind (außer in der Filmmusik) eher die Ausnahme.

Eine zentrale Institution ist die GEMA (Gesellschaft für musikalische Aufführungs- und mechanische Vervielfältigungsrechte), der über 60 000 Komponisten, Textdichter und Musikverleger in Deutschland angehören. Sie ist vor allem für den Schutz der Urheberrechte und die Verteilung von Tantiemen zuständig. Nach festgelegten Formeln werden hier Erlöse an die Musikschaffenden ausgeschüttet. Gegründet wurde die GEMA übrigens von Richard Strauss.

Auch wenn das Komponieren häufig aus finanziellen Gründen nur nebenberuflich betrieben werden kann, kam es immer wieder zu spektakulären Gagen für Musikwerke: Mozart zum Beispiel war, wie auch Haydn und Händel, einer der bestverdienenden Musiker seiner Zeit und wurde vor allem für seine Opern mit teilweise horrenden Summen entlohnt. Verdi erhielt für *Aida* das bis dahin höchste Honorar der Musikgeschichte von 150 000 Gulden – der spektakuläre Fall einer Auftragskomposition für die Eröffnung des Suezkanals, 1871 uraufgeführt.

Komponisten verdienen heute auch deswegen so wenig, weil über 90 Prozent der komponierten Werke nicht ins Repertoire übergehen, sondern oft nur ihre Uraufführung erleben. Und davon kann man nicht leben. Brahms meinte einmal, er würde sich am liebsten mit Bankern über Musik unterhalten, denn mit Musikern könne man ja nur über Geld reden.

### 37. Welche Bedeutung haben Mäzene für die Musikgeschichte?
Kulturelle Einrichtungen, Musikerinnen und Musiker ebenso wie Musikwissenschaftler waren und sind bis heute von privater oder staatlicher Förderung abhängig. Sie werden häufig kurzfristig in der Umsetzung eines künstlerischen Vorhabens oder langfristig in ihrer umfangreichen Ausbildung von Privatpersonen oder Stiftungen unterstützt. Private Förderer werden gemeinhin als Mäzene bezeichnet, die im Idealfall weder eine über das Künstlerische hinausgehende Leistung noch eine Rückzahlung der gegebenen Mittel verlangen. Diese Mittel können einmalige zweckgebundene Zahlungen sein, die zum Beispiel der Drucklegung eines Werkes oder dessen Einspielung dienen oder Konzerte beziehungsweise Konzertreihen ermöglichen;

*Abb. 7:* Die Königin als Minerva: Christina von Schweden (1626–1689) in einem Stich von Jeremias Falck, dem Hofkupferstecher der Königin. Christina von Schweden ist für die Musikgeschichte eine zentrale Figur als Musikmäzenin und Förderin von Komponisten wie Alessandro Stradella, Alessandro Scarlatti oder Arcangelo Corelli im Rom des 17. Jahrhunderts.

es kann sich aber auch um regelmäßige Unterhaltszahlungen, Kompositionsaufträge, Anstellungen oder die Überlassung oder Schenkung von hochwertigen Instrumenten handeln.

Die Bezeichnung «Mäzenatentum» leitet sich von dem Römer Gaius Cilnius Maecenas ab, der Dichter wie Vergil, Properz und Horaz förderte. Der Begriff vermittelt meist das Bild stark ideell geleiteter, selbstloser Förderung von Kunst, die zu allen Zeiten stattgefunden hat, doch in vielen Fällen kritisch hinterfragt werden muss. Oft wurde das künstlerische Produkt auch zum eigenen Vorteil instrumentalisiert. Bereits bei Maecenas muss eine vermeintlich selbstlose Förderung bezweifelt werden, da der Staatsmann mit der Auftragsvergabe die Bedeutung seiner Familie im kulturellen Gedächtnis fest verankern wollte und seinen Ruf bewusst zu steuern und zu optimieren wusste.

Förderungen durch wohlhabende Gönner können, das hat die Geschichte dann auch gezeigt, durchaus politische Einflussnahme beabsichtigen. Mit der finanziellen Unterstützung von Kunst lässt sich zudem eine soziale Position bestimmen; entsprechend versuchte das Großbürgertum des 19. Jahrhunderts, sich durch sein Mäzenatentum offensiv vom Adel abzugrenzen. Ludwig van Beethoven hätte ohne die von seinem Kurfürsten genehmigten Fördergelder nach dem Tod der Eltern kaum eine Chance gehabt, sich weiterzubilden und seinen Kompositionsstil zu perfektionieren. Selbst im fortgeschrittenen Alter blieb er von der Gunst seiner Gönner abhängig und widmete dafür den Adeligen zahlreiche seiner Werke.

Die musikgeschichtliche Bedeutung des Mäzenatentums lässt sich am Beispiel der Familie Medici im Florenz des 16. Jahrhunderts besonders anschaulich nachvollziehen. So war Giulio Caccini als Musiker bei den Medici angestellt und avancierte durch ihre Unterstützung zum Wegbereiter des italienischen Opernstils. Dagegen gestaltete sich Musikförderung, wie sie Christina von Schweden (1626–89) in Rom beispielhaft ausübte, strategisch. Sie nutzte den aufgehenden oder bereits bestehenden Ruhm ortsansässiger Musiker wie Alessandro Stradella, Alessandro Scarlatti oder Arcangelo Corelli, um ihren eigenen gesellschaftlichen Status sicht- beziehungsweise hörbar zu machen. Damit fügte sie sich nahtlos in die Reihe der römischen adeligen Familien, die wie sie Opern, Oratorien oder Instrumentalmusik in Auftrag gaben, diese höherstehenden Personen widmeten und zur Aufführung zahlreiche Gäste der internationalen *High Society* einluden. Um der Kurzlebigkeit derartiger Ereignisse entgegenzuwirken, war die Berichterstattung an Höfe des In- und Auslandes durch Gesandte und Versendung von Musikdrucken unerlässlich. Unzählige kleine und große Werke sind nur entstanden, gedruckt, gehört und bis heute erhalten, weil einzelne Personen (private wie solche des öffentlichen Lebens), Akademien, Stiftungen oder in jüngerer Zeit Firmen Kompositionen und deren kostenaufwendige Aufführungen in Auftrag gegeben haben.

Der Umfang der zu fördernden Projekte ist im Laufe der Zeit mit der Größe und den Ansprüchen des Publikums gestiegen. Plattenfirmen und der Rundfunk, der bisweilen selbst als Mäzen auftritt, stellen für junge Künstler häufig ein Karrieresprungbrett dar. Einen vorläufigen Höhepunkt markiert der heute als größter Mäzen der Musikgeschichte bekannte Amerikaner Alberto Vilar, der in einem Jahr rund 53 Millionen Dollar für Opernproduktionen und Gebäuderenovierungen ausgibt. Mäzenatentum, auch wenn es heute «Sponsoring» heißt, ist immer noch eine Gratwanderung zwischen Kunst, Kommerz und Politik.

### 38. Wie konnte Beethoven trotz seiner Taubheit komponieren?

Landläufig stellt man sich einen Komponisten bei seiner Arbeit gerne am Klavier sitzend und das jeweils Gespielte aufschreibend vor. Dies ist aber ein romantisierendes Bild, das nur in Ausnahmefällen zutrifft. Der Vorgang des Komponierens findet im inneren Ohr statt, das unabhängig von äußeren Schallquellen ist, so wie auch der Autor eines Theaterstückes seinen Text nicht laut sprechen muss, bevor er ihn niederschreibt. Dieses innere Hören ist die Voraussetzung für die Entwicklung komplexer gedanklicher Strukturen, die etwa einer Symphonie zugrunde liegen. Musikpsychologen sprechen von einer «black box», um auszudrücken, dass kreative Prozesse nie vollständig erklärbar sein werden. Die schriftliche Abfassung eines Musikstücks ist dabei meist nur der Endpunkt dieser Kopfarbeit. Max Reger zum Beispiel konnte umfangreiche Werke über einen längeren Zeitraum gedanklich vollständig ausarbeiten und sie dann in wenigen Tagen notieren. Trotzdem bleibt auch für Komponisten mit diesen außerordentlichen Fähigkeiten das «lebendige» Hören als sinnliche Erfahrung die erfüllendste Form der Musikwahrnehmung. Richard Strauss berichtet, wie sehr er nach dem lesenden Studium der Partitur von Wagners *Tristan* umso mehr auf das erste Hören dieser Oper brannte.

Das Komponieren unterscheidet sich jedoch vom Instrumentieren, dem Umsetzen der abstrakten Musik in eine klangliche Form, zum Beispiel die des Orchesters mit seinen vielen unterschiedlichen Instrumenten. Dabei ist die Klangerfahrung des äußeren Ohres sehr wichtig; Beethoven war hierbei auf die Erinnerungen aus früheren, gesunden Jahren angewiesen. Sein inneres Ohr befähigte ihn uneingeschränkt zur Arbeit als Komponist; zur großen persönlichen Tragik seines Lebens gehört dennoch, dass er seine späteren Werke nicht mehr hören, geschweige denn selbst aufführen konnte.

**39. Wozu braucht die Musik die Musikwissenschaft?** Selbstbewusst kann die Antwort auf diese Frage lauten, dass Musikwissenschaft mindestens so alt wie die klassische Musik Europas ist, wenn nicht älter. «Musica» meint in der Spätantike und im Mittelalter nicht die praktische Musikausübung, das Musizieren selbst, sondern die theoretische Reflexion über Musik in allen ihren Aspekten. Ein bekannter Merkspruch von Guido d'Arezzo lautet: «Musicorum et cantorum magna est distantia./Isti dicunt, illi sciunt, quae componit musica./Nam qui facit, quod non sapit, definitur bestia.» (Zwischen Musikwissenschaftlern und Kantoren [=Musikern] gibt es einen großen Unterschied. Denn die einen geben nur weiter, die anderen hingegen wissen wirklich, was Musik ist. Denn wer etwas macht, ohne zu wissen warum, ist im Grunde ein Tier.) Heute ist das Verhältnis von Musik und Musikwissenschaft friedlicher: Die Geisteswissenschaftler bewundern die Künste der Musikerinnen und Musiker, die ihrerseits von den Erkenntnissen der Forschung profitieren. Musik ist eine Kunst, die im Hören und Erklingen besteht und als emotionale Sprache auch für den Verstand eine Menge zu bieten hat. Während Musiktheorie zeigt, wie Musik gemacht ist, hat Musikwissenschaft die Aufgabe zu erklären, warum sie so gemacht ist. Ohne Musikwissenschaft gäbe es keine klassische Musik, so wie wir sie kennen und verstehen: Musikwissenschaft bereitet die Musikpraxis handwerklich vor, ermöglicht und trägt sie. Konkret beinhaltet dies die Erarbeitung von Notenausgaben in Editions- und Forschungseinrichtungen sowie Verlagen für die Aufführung. Auch die Zugänge zu heute ohne wissenschaftliche Kenntnis nicht mehr erschließbaren Notenschriften werden von Musikwissenschaftlerinnen und Musikwissenschaftlern ermöglicht (Stichwort «Alte Musik»); sie kennen sich mit Wasserzeichen aus, können Skizzen lesen, verschiedene Fassungen von Kompositionen klassifizieren und Musik stilistisch einordnen. Ohne Musikwissenschaft keine Noteneditionen! Gleichzeitig beraten Musikwissenschaftler einzelne Musiker, aber auch Musikkonzerne, Orchester, Vokalensembles, Opernhäuser. Sie prägen die Vielfalt der Musikkultur, erstellen Musiklexika als Referenzsysteme, produzieren theoretische, ästhetische und philosophische Texte zu Fragen des musikalischen Ausdrucks, arbeiten als Dramaturgen und Redakteure in verschiedenen staatlichen und privaten Einrichtungen und geben der Musikpraxis ein verlässliches konkretes und theoretisches Fundament. Schließlich ermöglichen Musikwissenschaftler die Reflexion über Musikleben, Musikkultur, Musikausübung. Sie stellen Repertoirekenntnisse bereit, begleiten unsere musikalische Gegenwartskultur durch Musikkritik und Musikpublizistik und sind oft eine wichtige Vermittlungsinstanz zwischen Komponisten und ihrem Publikum.

Kulturwissenschaftlich arbeitende Musikwissenschaftler relativieren Sichtweisen auf die Musikpraxis: Ist Deutschland wirklich das zentrale Land der Musik? Gibt es so etwas wie Groß- und Kleinmeister im Musikbereich? Im Gegensatz zu manchen Musikern stellen sie diesen Meisterbegriff in Frage und verorten ihn historisch, sie fragen danach, weshalb Frauen jahrhundertelang von Komposition und Musikästhetik ferngehalten wurden. Und sie analysieren, wie Repertoirebildung funktioniert, wieso manche Werke erinnert, andere vergessen werden. Seit einigen Jahrzehnten bemühen sie sich darum, musikalische Werke auf jenes komplexe kulturelle Umfeld zurückzubeziehen, dem sie entsprungen sind. Denn das Phänomen «Klassische Musik» bringen nicht allein Komponisten hervor, ebenso sind Musikpraxis, Musikpädagogik, Mäzenatentum, Konzertwesen und Musikkritik daran beteiligt. So nähern sich neben dem großen Bereich der Historischen Musikwissenschaft Disziplinen wie Musikpsychologie, Musiksoziologie und Musikethnologie dem Verhältnis von Mensch und Musik in den Kulturen der Welt und erforschen sowohl das Machen und Wahrnehmen von Musik im Konzert und im Alltag als auch den manipulativen Einfluss der Musik zum Beispiel in der Werbung, im Film oder im Kaufhaus. Zusammenfassend kann man festhalten, dass Musikwissenschaft im doppelten Wortsinn Musik zur Sprache bringt. Sie sorgt gemeinsam mit den ausübenden Musikerinnen und Musikern dafür, dass uns Musik als «treueres Gedächtnis unserer selbst» (Ernst Bloch) erhalten bleibt.

**40. Welche Berufskrankheiten gibt es bei Musikern?** Sehnenscheidenentzündungen und Auftrittsängste, Gehörschäden und Depressionen – liest man die Liste der typischen körperlichen und psychischen Beschwerden von Musikern, möchte man vielleicht so manchem Jungmusiker vom Ergreifen dieses Berufs abraten, der Gesundheitsrisiken wegen.

In der Tat haben diverse Studien besorgniserregende Fakten ans Licht gebracht. Demnach leiden etwa die Hälfte bis drei Viertel der Berufsmusiker unter medizinischen Problemen, die in Zusammenhang mit ihrem Beruf stehen.

Die Gründe für Musikerkrankheiten sind sehr vielfältig und unterscheiden sich auch je nach Instrument. Allgemein ist langes und pausenloses Üben riskant, wenn es aus immer gleichen Bewegungsabläufen besteht. Die stetig wachsenden Anforderungen an die technische Perfektion der Künstler, gepaart mit der hohen Konkurrenzdichte, fördern dabei sowohl die Gefahr körperlicher Überlastung als auch den immensen psychischen Druck. Außerdem führt die berufstypische Lautstärkebelastung – ein großes Symphonieorchester erreicht Dezibelzahlen von startenden Düsenjets – bei vielen zu Schwerhörigkeit, Tinnitus oder gar zu Hörstürzen.

Problematisch ist auch die Reaktion vieler betroffener Musiker auf solche Krankheitsbilder. Beliebte Mittel der Symptombekämpfung sind fatalerweise Alkoholkonsum, Rauchen und die Einnahme von Betablockern oder Sedativa.

Inzwischen sind zahlreiche Institute der Wissenschaft, Forschung und Lehre auf dem Feld der Musikergesundheit entstanden, die Fachrichtung «Musikermedizin» gewinnt zunehmend an Bedeutung. Ziel ist es, die prekären Nebeneffekte der wunderbaren Tätigkeit des Musizierens möglichst einzuschränken.

**41. Was machen Musiker nach dem Konzert?** «Ein Musiker geht an einer Kneipe vorbei», lautet angeblich der kürzeste Musikerwitz. Er bezieht sich wohl auch auf das Bedürfnis, einen Konzertauftritt, der hohe Konzentration verlangt hat, je nach dem zu begießen oder zu ertränken. Doch erfasst das Bild vom fröhlich feiernden Musiker nur eine der vielen Tätigkeiten, mit denen ein Konzertabend ausklingen kann. Daneben steht gleichermaßen der routinierte Orchestermusiker, der nach dem Abonnementkonzert nach Hause geht, weil am nächsten Morgen wieder eine Probe zu spielen ist, oder der Musiker, der nur noch schwer, mit einem ganz besonderen Musikerlebnis, aus der Ruhe zu bringen und in Begeisterung zu versetzen ist. Und es gibt den Solisten oder das Ensemble auf einer langen Tournee, bei der das Hotel zum Wohnzimmer wird.

Welche physische und psychische Anstrengung das Singen einer großen Opernpartie verlangt, kann sich der Laie oft nicht vorstellen, wieviel Kraft und Konzentration virtuoses Spiel auf einem Instrument erfordert, ebenso wenig. Je leichter die Musik sich anhört oder auch aussieht, desto professioneller wird sie vorgetragen. Da auch hier nach dem Konzert oft vor dem Konzert ist, bleibt nach dem Auftritt meist nur das schonende Sichzurückziehen. Von Maria Callas ist die Bemerkung überliefert, sie hätte nie die Laufbahn einer Sängerin eingeschlagen, hätte sie vorher von der Mühe und Disziplin gewusst, die ihr dieser Beruf abverlangte. Dass Musiker trotz oder wegen vieler Mühen oft eben nicht an der Kneipe vorbeigehen, mag aber bisweilen auch schlicht an der Freude liegen, die Musik vermitteln kann.

## Im Konzert

**42. Wie viel muss man von Musik verstehen, wenn man ins Konzert geht?** Musik ist von ihrem Wesen her eine Sprache wie etwa das Deutsche oder das Englische, sie ist auf Kommunikation ausgerichtet. Ein Konzertbesucher tritt in einen Dialog mit dem aufgeführten Werk, eine Unterhaltung, die allerdings sehr vielschichtig ist und unterschiedliche Intensität erreichen kann.

Da ist zum einen das klangliche Gewand des Stückes, es klingt dramatisch, romantisch, rhythmisch, hell, dunkel, weich oder hart – welche Assoziationen auch immer im Hörer geweckt werden, sie sind für die meisten Konzertbesucher deutlich und verständlich. Weiterhin, und für das verstehende Hören schon etwas anspruchsvoller, vermittelt die Musik eine äußere Struktur. Ob Symphonie, Konzert, Fuge oder Arie – das Werk kann einer traditionellen Form folgen, sie ändern oder sogar sprengen. Noch komplizierter wird es mit dem strukturellen Erfassen, bei dem es um das Nachvollziehen der Stimmverläufe oder der motivischen Verästelungen geht. Wer dann noch raffinierte harmonische Wendungen wirklich verstehen will, ist auf ein perfekt geschultes relatives oder gar auf ein absolutes Gehör angewiesen. Von sich als einem interessierten Laien alle diese Stufen oder doch möglichst viele beim Hören zu verlangen, bedeutet, sich unnötig unter Stress zu setzen. Musik kann zwar eine höchst anspruchsvolle geistige Disziplin sein, sie will aber immer auch «nur» unterhalten, das heißt eine Stimmung vermitteln oder im Hörer erzeugen. Um bei dem Vergleich mit der Sprache zu bleiben: Hört man ein Gedicht in einer Sprache, die man nicht kennt, kann man doch von der Schönheit eines Vortrags bezaubert werden, ohne den Inhalt nachzuvollziehen. Die Faszination erhöht sich, je tiefer der Einblick in das Kunstwerk gelingt. Insofern ist Erkenntnisgewinn hier immer auch Lustgewinn. Ein guter Interpret wird immer versuchen, möglichst viel von den Inhalten eines Werkes zu vermitteln, also so deutlich zu sprechen, dass der Inhalt seines Vortrags klar wird.

Ein aufgeschlossener Hörer, auch wenn er Laie ist, versteht dabei oft mehr von der Musik, als er selbst wahrhaben will, vor allem, wenn es sich um eine Aufführung von hoher Qualität handelt. Bei dem erwähnten Gedicht in unbekannter Sprache wird ein guter Rezitator etwa durch Gesten und Tonfall ein hohes Maß an Verständnis beim Hörer erreichen können.

Ob Experte oder Laie, letztendlich reduziert sich das Urteil auf den wichtigsten und allein entscheidenden Aspekt: «Das Stück gefällt mir» oder «Das Stück gefällt mir nicht».

**43. Was macht ein Dirigent?** Während niemand die Notwendigkeit von Musikerinnen und Musikern für einen üppigen Orchesterklang in Frage stellt, halten manche den Dirigenten für die überflüssigste Person eines Konzertes. Dabei ist der Dirigent derjenige, der die Musik des gesamten Orchesters koordiniert – die Blechbläser genauso wie Streicher und Schlagzeuger. Der Dirigent ist *die* Leitstelle des Orchesters, hier laufen alle Fäden zusammen, er entscheidet über die Interpretation eines Stückes. Im Rahmen der vom Komponisten vorgeschriebenen Spielanweisungen gibt es bei jedem Werk verschiedene Möglichkeiten der Ausführung. Der Dirigent muss eine genaue Vorstellung des zu spielenden Stückes haben und für deren Umsetzung durch das Orchester sorgen. Man könnte zugespitzt sogar sagen, dass der Dirigent in einem Symphoniekonzert, einer Oper, einem Oratorium der eigentliche, vortragende Interpret ist. Die Akzeptanz, die der Dirigent beim Orchester genießt, basiert auch darauf, dass Dirigenten in den allermeisten Fällen hervorragende Pianisten sind – Klavierspielen ist eines der Teilgebiete der Ausbildung, das die meisten Dirigenten bis zur Konzertreife führen –, aber auch auf anderen Instrumenten solistisch spielen können, so dass sie für die Musikerinnen und Musiker im Orchester Ansprechpartner auf Augenhöhe sind. Viele bekannte Dirigenten sind auch hervorragende Solo-Instrumentalisten, die vor der Karriere als Dirigent bereits häufig als Solist auf der Bühne standen. Beispiele hierfür sind Daniel Barenboim, Claudio Abbado, Christoph Eschenbach und Leonard Bernstein, die auch als herausragende Pianisten Konzertsäle füllten, und die Dirigentin Marin Alsop, die neben ihrem Dirigierstudium ein Konzertdiplom in Violine der Juilliard School of Music erlangt hat und als Geigerin weltweit hochgeschätzt ist. Dirigenten wie Heinrich Schiff und Pierre Boulez haben vor ihrer Dirigierkarriere bereits Weltruhm als Cellist und Komponist erlangt.

Die moderne Technik des Dirigierens entstand ab dem 17. Jahrhundert aus dem Tactus der mittelalterlichen Mensuralmusik. In der Barockzeit, im 17. und 18. Jahrhundert, wurden Orchesterwerke so-

*Abb. 8:* Dr. Antonia Brico (1902–1989) leitet das London Philharmonic Orchestra in einem Konzert am 14. November 1946. Für ihr Debüt wurde sie vom Berliner Philharmonischen Orchester 1930 eingeladen. Sie war 1938 die erste Frau, die die New Yorker Philharmoniker dirigierte.

wie italienische und deutsche Opern vom Cembalo aus geleitet, bei Konzerten gab der Solist durch Handzeichen oder Kopfbewegungen die Einsätze. Vor dem 19. Jahrhundert war ein Dirigent also nicht unbedingt erforderlich, um ein Stück zur Aufführung zu bringen. Aber mit der anwachsenden Größe der Orchester und der immer mehr zunehmenden Komplexität der Kompositionen wurde er unverzichtbar. Es soll auch nicht unerwähnt bleiben, dass Frauen erst seit etwa hundert Jahren zum Studiengang Orchesterleitung zugelassen sind, und das nicht ohne Erfolg: In den letzten zwei Jahrzehnten sind weltweit mehr Dirigate von Frauen übernommen worden als in der gesamten Musikgeschichte zuvor, bekannte Dirigentinnen sind derzeit Simone Young, Victoria Bond, Anne Manson, Sian Edwards, Emmanuelle Haïm und Catherine Rückwardt.

Während bei den Proben auch das Wort zur Hilfe genommen wird oder der Dirigent in besonderen Situationen ausgewählte Stellen auf dem Klavier oder auf einzelnen Instrumenten vorspielen kann, um die

Idee hinter dem aufzuführenden Stück zu vermitteln, bleiben im Konzert nur die stummen Gesten. Da ein modernes Symphonieorchester im Schnitt achtzig Musikerinnen und Musiker umfasst, die sich zum Großteil nicht sehen und manchmal auch nur eingeschränkt hören können, macht der Taktstock die Handbewegung weithin sichtbar. Eingeführt wurde der heute übliche Taktstock in der ersten Hälfte des 19. Jahrhunderts durch die dirigierenden Komponisten Johann Friedrich Reichardt, Carl Maria von Weber und Felix Mendelssohn Bartholdy. Im Allgemeinen verwendet der Dirigent die rechte Hand für die Führung des Taktstockes und die linke Hand, um Dynamik und Ausdruck anzudeuten. Aber auch die Mimik des Dirigenten ist ein zentrales Mittel der Durchsetzung einer musikalischen Idee. Arturo Toscanini, der extrem kurzsichtig war, hat z. B. nie eine Brille bei Konzerten getragen. Es sei wichtiger, dass das Orchester seine Augen, als dass er das Orchester sehe, meinte er einmal. Orchestermusiker berichteten denn auch, seine Augen hätten im Konzert wie glühende Kohlen gewirkt.

**44. Wie kann ein Dirigent eine große Orchesterpartitur lesen?**
«Ich kann mir nicht einmal vorstellen, was es bedeutet, eine Orchesterpartitur im Detail zu lesen, geschweige denn im Kopf zu hören!»

Haben Sie ähnliche Gedanken, wenn Sie einer klangmächtigen Symphonie von Augusta Holmès, dem *Requiem* von Giuseppe Verdi oder dem großen, doppelchörig angelegten Eingangschor von Bachs *Matthäuspassion* lauschen?

Die Ausübung des Dirigierberufs erfordert eine besonders hohe geistige Präsenz und eine kontinuierliche ungebrochene Aufmerksamkeit: der Dirigent muss gleichzeitig die Informationen, die er aus der Partitur liest, interpretieren, seine Vorstellung an die Musiker vermitteln und wiederum auf das, was Orchester oder Chor ihm zurückgeben, reagieren. Doch wie trainiert man diesen musikalischen Hochleistungssport?

Während des Studiums wird das Lesen großer Partituren in «klassischer» und zeitgenössischer, also graphischer, Notation erlernt und das innere Hören perfektioniert. Angehende Dirigenten sind immer auch Spitzenmusiker auf ihren Instrumenten, allen voran dem Klavier. Sie lernen, Partituren zu überblicken und Stimmen zusammenzufassen, um den Originalklang auf dem Klavier möglichst originalgetreu wiedergeben zu können. Hierfür muss neben den pianistischen

Fertigkeiten auch das Lesen instrumentenspezifischer Notation trainiert werden. Im Laufe der Geschichte haben sich unterschiedliche Dirigierschulen herausgebildet, um die Tricks und Techniken des Partiturspiels zu vermitteln. Eine der berühmtesten Dirigierschulen ist die Wiener Schule von Hans Swarowsky (1899–1975), der so bedeutende Dirigenten wie Claudio Abbado, Mariss Jansons oder Zubin Mehta entstammen. Swarowsky entwickelte eine ausgefeilte Ausbildung für Dirigenten, zu der auch das Erlernen der sogenannten Taktgruppenanalyse gehört, die besonders für Partituren des 20. Jahrhunderts Orientierung und Gedächtnishilfen bietet.

Eine weitere Fähigkeit, die ebenfalls über den pianistischen Zugang erleichtert wird, ist das Zusammenfassen der unterschiedlich agierenden Instrumentengruppen in Blöcke während des Lesens. Entscheidend ist, harmonische Zusammenhänge schnell erkennen zu können.

Damit wird das Geheimnis, wie große Dirigenten bedeutende Werke auswendig dirigieren können, durchsichtiger: Jahrelanges Üben, die vielseitige Auseinandersetzung mit der Partitur und das Sammeln von Erfahrungen in den unterschiedlichsten Aufführungssituationen kommen hier zusammen. Die meisten Dirigenten treten mit einer großen Symphonie öffentlich erst nach durchschnittlich drei Jahren intensiver Denk- und Vorbereitungszeit auf.

**45. Wozu braucht man einen Konzertmeister?** Bis zum 19. Jahrhundert etwa, als die Orchester noch überschaubar waren, gab es bei Konzerten selten einen Dirigenten. Oftmals oblag dem Konzertmeister die Orchesterleitung. Er dirigierte aus der Stimme der ersten Violinen, auch Direktionsstimme genannt. Das Dirigieren aus der Partitur, die die Stimmen aller Instrumente enthält, wurde lange Zeit als unnötig erachtet. Erst ab etwa 1825 wurden, zusätzlich zu den Einzelstimmen, gedruckte Partituren von den Verlegern angeboten.

Vor allem die auf Alte Musik spezialisierten Ensembles spielen auch heute noch ohne Dirigent, der Konzertmeister führt das Ensemble vom ersten Pult aus, natürlich ohne Taktstock. Damit jeder im Orchester seinen Angaben folgen kann, muss er das Werk in allen Details kennen und über eine klare Körpersprache seine Vorstellungen vermitteln. Ein schönes Beispiel für Ensembles ohne Dirigenten sind die Konzerte von Emmanuelle Haïm, die ihr Orchester Le Concert d'Astrée überaus engagiert vom Cembalo aus leitet.

Zwar entfallen im modernen Symphonieorchester die dirigentischen Aufgaben des Konzertmeisters, doch er hat immer noch eine wesentliche Funktion inne. Als Leiter der Geigengruppe ist er für deren Spiel, vor allem für den Bogenstrich, verantwortlich. In den Noten finden sich dazu selten Angaben, doch mit jedem Bogenstrich ändert sich die Artikulation. Neben der Führung der Geigengruppe muss seine persönliche Ausstrahlung auch als integrierende Kraft zwischen den verschiedenen Gruppen wie den Bläsern und Streichern wirken. In den Proben und Vorbereitungen ist er Vermittler zwischen Dirigent und Orchester. Im Konzert übernimmt er eine musikalische Dolmetscherfunktion, die bei schwierigen Passagen das Zusammenspiel garantiert und zwischen den Mitwirkenden hör- und sichtbar vermitteln kann.

Zudem sind ihm die Violinsoli anvertraut. Obwohl diese nicht selten einen hohen technischen Anspruch stellen, kann sich der Konzertmeister nicht allein darauf konzentrieren, sondern muss die dem Solo vorausgehenden und folgenden Partien ebenso führen.

Der Konzertmeister hat in amerikanischen Orchestern einen separaten Auftritt, bevor der Dirigent auf dem Podium erscheint, um seine besondere Bedeutung zu würdigen. Auch hierzulande bedankt sich der Dirigent beim Schlussapplaus zuerst beim Konzertmeister.

## 46. Warum sitzen im Orchester die Geigen immer vorne?

Würden anstelle der Geigen acht Kontrabässe mit großer Trommel, Tuba und zwei Harfen in der ersten Reihe des Orchesters sitzen, könnten die übrigen Orchestermusiker nur gelegentlich einen Blick auf den Dirigenten erhaschen. Neben diesen pragmatischen gibt es natürlich akustische, klangästhetische und historische Gründe. Streicher sind allgemein weniger durchdringende Instrumente und erzeugen keinen so fokussierten Klang wie beispielsweise eine Trompete. Dafür mischen sie sich besonders gut und bilden daher das Fundament des Orchesterklangs. Aus diesen akustischen Gründen spielen sie als größere Gruppe und sitzen weiter vorne. Dabei ist die Sitzordnung der Streichergruppen durchaus variabel: Die sogenannte «Deutsche Sitzordnung» sieht vor, dass erste und zweite Violinen einander gegenüber an den Außenseiten des Orchesters, Celli und Bratschen mittig sitzen, die Kontrabässe stehen hinter den ersten Geigen und Celli (siehe Illustration in der vorderen Umschlaginnenseite). Oft sind die

Streicher auch nach der «Amerikanischen Sitzordnung» fächerartig von der höchsten Stimme, den ersten Violinen, bis hinunter zu den Celli angeordnet. Weiterhin existieren Abwandlungen dieser beiden Varianten. Welche Sitzordnung eingenommen wird, entscheidet letztlich der Dirigent in Abhängigkeit vom Programm und seinen eigenen Klangvorstellungen. So wird klassisches Repertoire, wie die Symphonien von Haydn oder Beethoven, häufig in der «Deutschen Sitzordnung» gespielt.

Ein Blick in die Geschichte der Orchester verrät, dass die Grundbesetzung eines Orchesters ursprünglich ein Streichquartett plus Kontrabass bildete, wobei die ersten Violinen die führenden Stimmen spielten. Bläser dienten zunächst dem Harmoniesatz und erlangten erst mit der Zeit größere Eigenständigkeit. Auch dies erklärt ihren heutigen Sitzplatz hinter den Streichern.

Zudem war es immer Ziel eines Orchesters, Klangbalance und gutes Zusammenspiel zu erreichen. Und dies ist am ehesten möglich, wenn der «Streicherteppich» räumlich vor dem Holz- und Blechbläsersatz sowie dem Schlagwerk erklingt und der Konzertmeister eine zentrale, gut sichtbare Position einnimmt.

Neuere Ideen gehen jedoch dahin, einmal die Holzbläser nach vorne zu holen. Ob sich eine solche Ordnung durchsetzt, wird erst die Zukunft zeigen.

**47. Was unterscheidet Orchestermusik von Kammermusik?** Kammermusik nennt man alle Werke, die für eine kleinere Besetzung von Musikern geschrieben sind. Das kann eine Sonate für Violine und Klavier sein, aber auch ein Nonett, wie es beispielsweise Louis Spohr (1784–1859) komponiert hat.

Da das Ohr sich von der klanglichen Erscheinung eines Stückes zunächst am stärksten beeinflussen lässt, scheinen die Unterschiede größer zu sein, als sie tatsächlich sind. Die in der Epoche der Klassik vorherrschende «Sonatenhauptsatzform» beherrscht trotz ihres Namens eben nicht nur die kammermusikalische Gattung der Sonate, sondern auch die Symphonie oder das Konzert. Aus so mancher Orchestersymphonie lässt sich denn auch bei einer entsprechenden Reduzierung der Partitur ohne Verlust der musikalischen Substanz eine Klaviersonate «herstellen». Ähnliches gilt für barocke Orchestersuiten, aber auch für romantische Werke.

Umgekehrt gehört es zu den Übungen vieler Studiengänge an Musikhochschulen, Klavierwerke zu instrumentieren. In besonders gelungenen Fällen passiert es dabei immer wieder, dass beispielsweise auf der Grundlage einer Klaviersonate Mozarts den Symphonien des Meisters studienhalber eine weitere hinzugefügt wird. Die wichtigsten Unterschiede zwischen groß und klein besetzten Werken liegen zum einen in der technischen Ausführbarkeit, da dem Komponisten im großen Orchester ein größerer Tonvorrat zur Verfügung steht, zum anderen im Reichtum an Klangfarben, den die Orchesterinstrumente jedes für sich, aber auch in den unendlichen Kombinationsmöglichkeiten untereinander bieten.

Daraus könnte man den Schluss ziehen, dass ein möglichst großes Orchester für die Komposition eines Stückes immer am interessantesten wäre. Tatsächlich galt aber, seit der Mitte des 18. Jahrhunderts bis fast in unsere Tage, gemeinhin das Streichquartett als «Königsdisziplin» des Komponierens, denn hier ist es nicht möglich, sich hinter einem opulenten Klang gleichsam zu verstecken. Der klare und fast nackte Ton der vier Streichinstrumente fördert jede kompositorische Schwäche eines Werkes unbarmherzig zutage. So gehören Werke dieser Gattung, die vielen Komponisten ganz besonders am Herzen lag, zu den Kernstücken klassischer Musik, beispielsweise Mozarts *Dissonanzenquartett*, Beethovens letzte Quartette oder die Quartette von Bartók und Lutoslawski. Weitere herausragende Beispiele für diese Gattung sind das *Streichquartett g-moll* (1893) von Claude Debussy, das Streichquartett von Ruth Crawford Seeger (1931), die Quartette von Dmitri Schostakowitsch, das dritte Streichquartett von Grazyna Bacewicz (1947), das zweite Streichquartett (1968) von György Ligeti und das zweite Streichquartett *Reigen seliger Geister* (1989) von Helmut Lachenmann.

**48. Warum gibt es Klaviermusik für die linke Hand, aber nicht für die rechte?** Beim Klavierspiel ist die Geläufigkeit in beiden Händen von großer Bedeutung. Der rechten Hand fällt die technische Beweglichkeit dabei in der Regel leichter, denn die meisten Menschen sind Rechtshänder. Darüber hinaus wird die Rechte durch die Struktur der Musik in vielen Kompositionen ohnehin mehr beansprucht und damit besser trainiert. Die linke Hand bedarf also eines speziellen Trainings, um der rechten technisch gewachsen zu sein. Neben Originalkompositionen von Brahms und Reger sind zu diesem Zweck auch viele Bearbeitungen, beispielsweise der Etüden von Chopin, entstanden. Einige Werke der Klavierliteratur für die linke Hand sind mit dem tragischen Schicksal eines Musikers verbunden. Paul Wittgenstein (1887–1961), ein berühmter österreichischer Pianist und Bruder des Philosophen Ludwig Wittgenstein, verlor während des Ersten Weltkriegs den rechten Arm. Dennoch setzte er seine Karriere als Konzertpianist fort, arrangierte viele Klavierstücke für die linke Hand und vergab 1923 zudem Kompositionsaufträge an mehrere Komponisten. Das berühmteste für Wittgenstein komponierte Werk ist das Konzert D-Dur von Maurice Ravel. Durch geschickte Stimmverteilung entsteht für den Hörer bisweilen der Eindruck, dass der Solist mit beiden Händen spielt. Britten, Hindemith, Korngold und Richard Strauss schrieben ebenso Klavierkonzerte für Wittgenstein. Prokofjew widmete ihm sein viertes Klavierkonzert, was Wittgenstein allerdings nicht überzeugen konnte, das Werk auch aufzuführen – das Stück lag ihm nicht.

Die Pianistin Caroline de Serres (1843–1913), aber auch die Pianisten Leon Fleisher (*1928) und Horace Parlan (*1931) mussten ebenfalls nur mit der linken Hand auskommen und konnten glücklicherweise zum Teil auf das große Repertoire Wittgensteins zurückgreifen.

**49. Warum klingen verschiedene Interpretationen desselben Stückes so unterschiedlich?** Für die einen ist es «die Legende» Glenn Gould, für die anderen Martin Stadtfeld, für die einen ist es Irma Issakàdze, für andere Wanda Landowska, die mit ihrem Klavier- oder Cembalospiel am ehesten den «Kern» dessen getroffen haben, «was der Komponist uns sagen wollte». Vier verschiedene Interpreten, vier Fangemeinden, vier grundlegend verschiedene Aufnahmen, und doch vier Mal dasselbe Stück: Johann Sebastian Bachs *Goldberg-Variationen* (BWV 988). Wo der eine Pianist erhaben und mit pathetischem Ernst das Variationsthema erklingen lässt, spielt die andere mit leichtem Ton und voller Witz. Eine Interpretin spielt mit einer gewissen Kühle und rationalen Strenge, die andere umgarnt uns mit einem lyrisch-romantischen Tonfall. Alles Phrasen, wie wir sie ähnlich in jeder CD- oder Konzertrezension lesen könnten.

Aber wie kann es sein, dass ein und dasselbe Werk so viele unterschiedliche, ja teils widersprüchliche musikalische Deutungen zulässt?

Jede Komposition ist Ausdruck ihrer Zeit. Wir sind Kinder unserer eigenen Zeit und von bestimmten ästhetischen Erfahrungen und

Normen geprägt. Und selbst wenn wir Anteil am Entstehungsprozess eines Werkes hätten, wäre es unmöglich, dessen ganze emotionale und ästhetische Komplexität zu erfassen. Zwischen der Zeit des Komponisten, seiner Persönlichkeit und uns besteht immer eine Distanz, die der Notentext nicht zu überbrücken vermag.

Steht uns dieser auch klar und deutlich vor Augen, bleiben seine Möglichkeiten, uns mitzuteilen, was genau der Komponist an dieser und jener Stelle gemeint hat, doch begrenzt. Eine Note kann von noch so vielen Bezeichnungen und Anweisungen zur Ausführung begleitet werden, die Umsetzung in den klingenden Ton ist jedes Mal anders, denn auch der Spieler bringt seine Persönlichkeit mit ein. Unsere Notenschrift vermittelt über den Sinn der Musik weniger, als man glauben mag. Das, was jede Interpretation erst so einzigartig macht, kann nicht notiert werden, es steht zwischen den Zeilen.

Die größte Schwierigkeit der Interpretation und der größte Reiz in der Musik liegen also nah beieinander. Ihre unerschöpfliche Vielfältigkeit steht der Annahme der einen, richtigen Interpretation entgegen und ermöglicht, dass in der Interpretation eines Stückes immer auch ein Teil des Künstlers selbst zu finden ist, seine ganz persönliche Annäherung an den Komponisten und dessen Denken. So ist die Musik, die erklingt, jedes Mal neu. Sie ergibt sich als Summe dreier Elemente im jeweiligen Moment des Spiels: Werk, Spieler und Hörer. Sie entsteht überhaupt erst innerhalb eines kulturellen Umfelds, interpretiert durch zahllose Blick- und Hörwinkel auf der Grundlage von individuellen Musikerfahrungen, die so vielfältig sind wie die Menschen selbst.

**50. Wieso darf man im Konzert nicht klatschen wann man will und auch kein Popcorn essen?** «Der allgemeine Treffpunkt der Gesellschaft ist die Oper, die sehr lange dauert, von acht, oder neun Uhr abends bis gegen Mitternacht. Die Damen halten jetzt gewissermaßen ihre Empfänge in ihren Logen, wo die Zuschauer ihrer Bekanntschaft ihnen kurze Besuche abstatten. [...] Sind die ersten Vorstellungen, wo es bis auf das Parterre hinunter ziemlich still ist, vorüber, so ist es nicht mehr guter Ton, zuzuhören, außer an den Glanzstellen. Die Hauptlogen sind artig ausgestattet, erhellt durch Kronleuchter. Manchmal wird hier gespielt, öfter geplaudert, und man sitzt in einem Kreise in der Loge [...]. [...] Einmal [...] kam ich sogar auf den Einfall, Schach zu spielen. Schach ist eine herrliche Erfindung, um über die Leere der langen Rezitative hinwegzukommen, und die Musik vortrefflich, um die allzu große

*Abb. 9:* Jan Vermeer (1632–1675), *Die Musikstunde* (1662/64). Während die Dame in das Musizieren versunken zu sein scheint, wendet sich ihr Spiegelbild dem an ihrer Seite stehenden Herrn zu. Diese Abweichung scheint die Inschrift auf dem Virginal umzusetzen: «Musica letitiae comes medicina dolorum» (Musik ist die Gefährtin des Frohsinns und Balsam für den Schmerz).

*Emsigkeit des Schachspiels zu unterbrechen. Einen sehr artigen Brauch pflegt der Herzog von Saint Agnan, wenn er ins Theater geht: er lässt in allen Logen der Damen durch seine Lakaien Eis und Erfrischungsgetränke herumreichen.»* (Aus: Charles de Brosses: Des Präsidenten Brosses vertrauliche Briefe aus Italien an seine Freunde in Dijon, 1739)

Wenn man heute ein klassisches Konzert oder eine Opernvorstel-

lung besucht, sieht die Sache anders aus. Tatsächlich wird man fest-
stellen, dass ein Konzert im Allgemeinen gesittet und respektvoll
abläuft und alle Aufmerksamkeit der Musik geschenkt wird. Es ist
üblich, nur an bestimmten Stellen während eines Konzert- oder
Opernabends zu applaudieren. Auch Speisen und Getränke sind im
Auditorium tabu, es sei denn, man befindet sich in der Arena von
Verona oder in einem Konzert im New Yorker Central Park. Ursäch-
lich für die Verbannung von Kulinaria und störendem Applaus ist
zum einen die seit ungefähr 200 Jahren bestehende Unterscheidung
zwischen Unterhaltungsmusik und Ernster Musik und die Übertragung des «Berührungsverbots» in Ausstellungen der bildenden Kunst
auf die Musik. Klang und Klangwirkung sollten durch nichts gemin-
dert, alles Störende aus dem Konzertsaal verbannt werden, damit sich
die «vergeistigte Musik» voll entfalten konnte. Zum anderen gibt es
aber auch innermusikalische Gründe, die gegen einen Zwischenap-
plaus sprechen. Die Grundlage der Musik ist die Stille, und diese bewusst einzuhalten, dem vorher Gehörten nachzulauschen und den
nächsten Satz in Spannung zu erwarten oder sogar am Ende eines
großen Werks den Aufführungsort in Stille zu verlassen, kann das
Konzerterlebnis stark intensivieren.

Auf der anderen Seite ist es schlicht ein Kompliment an Musik und
Musiker, wenn ein Werk solche Begeisterung auslöst, dass der Applaus «ausbricht». Übrigens applaudierte bei der Uraufführung von
Beethovens Siebter Symphonie 1813 das Publikum nach dem zweiten Satz so begeistert, dass man diesen Satz an Ort und Stelle gleich
noch einmal spielte, bevor man mit der Symphonie fortfuhr. Ob den
Komponisten damals ein still sitzendes Publikum, wie wir es heute
kennen, wirklich mehr gefreut hätte?

**51. Lohnt sich ein Konzertbesuch, wenn man doch alles zu Hause
hören kann?** Musik soll man mit offenen Augen hören, riet der
Komponist Igor Strawinsky. Warum nur? Obwohl viele Menschen
gerne mit geschlossenen Augen der Musik lauschen, wünschen sich
viele Musikerinnen und Musiker, dass man auch sieht, wie der Klang
entsteht, wie musikalische Dialoge gesponnen werden. Der Körper-
einsatz bei einem Klavierabend, einem Konzert mit Kammermusik,
der Aufführung eines Oratoriums ist beeindruckend, die künstlerische Leistung kann nur im Live-Erlebnis wahrgenommen werden.
Daher hat zum Beispiel der Dirigent Sergiu Celibidache Live-Mit-

schnitte seiner Konzerte verboten und die mediale Vermarktung der Konzerte der Münchner Philharmoniker unter seinem Dirigat abgelehnt – Musik sei lebendig und nicht konservierbar. Zur höchstmöglichen Qualität einer Aufführung gehöre für ihn der Aspekt des Unmittelbaren und nicht Wiederholbaren.

Sicher muss man nicht so weit gehen. Viele Klassikliebhaber sind stolz auf ihre CD-Sammlung, ein Vergleich verschiedener Interpretationen ist interessant und lehrreich, viele Werke, die auf CD eingespielt werden, sind nie oder fast nie im Konzert zu hören – und wer je in seinem Wohnzimmer bei einem abendlichen Glas Wein im Kerzenlicht eine Oper oder ein Klavierkonzert genossen hat, kennt das Glück solcher Momente. Der Pianist Glenn Gould ging den Celibidache entgegengesetzten Weg: Er verzichtete ab 1964 ganz auf Auftritte und arbeitete nur noch im Studio, wo seine legendären Bach-Einspielungen entstanden.

Musik ist eine lebendige Sprache, ein Medium, das der unmittelbaren Einheit von Spielen und Hören bedarf. Auch wenn die Ästhetik des 19. Jahrhunderts die Musik in den Rang des Abstrakten und Göttlichen erhoben hat, bleibt sie eine von Menschen gemachte Kunst, ein Handwerk, das im Moment der Aufführung beherrscht werden muss. Im Konzert können sich Kommunikationsebenen zwischen Musikern und Publikum eröffnen, die selbst der besten Einspielung verschlossen bleiben. Man kann die Aufnahme einer Opernarie bewundern und sich begeistern lassen von der makellosen Stimme, doch der «Gänsehaut-Effekt» stellt sich eben nur ein, wenn die Sängerin auf der Bühne mit ihrer Ausstrahlung alle in den Bann schlägt und die Spannung vor einer schwierigen oder besonders schönen Kantilene so zu steuern weiß, dass alle Anwesenden im entscheidenden Moment die Luft anhalten.

Musik muss man er-leben, um sie zum Erlebnis werden zu lassen, Celibidache nannte das die «Einheit von Spontaneität, Schaffen und Verstehen». Nach seinem Tod wurden Konzertmitschnitte dann doch vermarktet. Wer das Glück hatte, diesen Dirigenten im Konzertsaal zu erleben, der weiß, dass die Aufnahmen nicht die eigentliche Musik dieser jeweils einzigartigen Aufführung wiedergeben, sondern das sind, was Celibidache selbst abschätzig «Tondokumente» nannte.

# Oper

**52. Wie entstand die Oper?** Italien ist das Heimatland der Oper. Das Land, in dem durch die umfassende Auseinandersetzung mit der Sprachphilosophie und das Engagement in der Entdeckung antiker Rhetorik schon im 14. Jahrhundert der Humanismus aufblühte, war im 16. Jahrhundert der Entstehungsort jener Gattung, die auf besondere Art Sprache und Musik verbindet und die antike Tragödie für eine neue Zeit neu interpretierte. In den Frühformen wurden dramatische Monologe und Dialoge bühnenwirksam vertont. Durch klare Gesangslinien (Monodien) wurde der deklamatorische Duktus der Sprache nachgebildet, die instrumentale Begleitung beschränkte sich auf wenige, von einem kleinen Ensemble gespielte Einwürfe. Die Frühform der «opera in musica» vereinte bereits alle Elemente der großen Opern: Musik und Dichtung (in Form des Librettos), Schauspiel und Tanz, Bühnenbild, Beleuchtung, Maske und Kostüme.

Das Zentrum der innovativen Bestrebungen war Florenz, wo in einem Kreis von Gelehrten, Dichtern und Musikern erste Versuche in dieser neuen Theaterform unternommen wurden. Im Frühjahr 1597 wurde das als «favola pastorale» bezeichnete Schäferspiel *Dafne* als erste Oper der Musikgeschichte uraufgeführt. Zu dem Text von Ottavio Rinuccini komponierte Jacopo Peri Monodien, die mit wenigen Ausnahmen heute verschollen sind.

Claudio Monteverdi baute 1607 mit seiner Oper *Orfeo* (mit einem Libretto von Alessandro Striggio) am Hof von Mantua die Gattung deutlich aus, indem die Gefühlslage der handelnden Personen in längeren Gesängen (Arien) zum Ausdruck kommt und die Handlung durch instrumentale Zwischenspiele musikalisch ausgeleuchtet wird. Die neue Gattung Oper hatte sogleich durchschlagenden Erfolg, 1637 eröffnete in Venedig das erste kommerzielle Opernhaus, 1677 folgte in Hamburg das erste öffentliche deutsche Opernhaus.

Die Themen der Oper waren zunächst vor allem mythologischer, dann historischer, «ernster» Natur («Opera seria»). Zu Beginn des 18. Jahrhunderts entwickelte sich mit der «Opera buffa» ein zweiter Operntyp. Hier wurden volkstümliche Themen gewählt, die oftmals auch der italienischen Stegreifkomödie («Commedia dell'arte») entstammen. Zu den frühen Erfolgen dieser Gattung zählt Pergolesis kleines Intermezzo *La serva padrona* (1733), für das Ende des Jahrhun-

*Abb. 10:* Ein Partiturausschnitt zeigt Komplexität und Ordnung in zeitgenössischer Musik. Der Ausschnitt entstammt der Oper *Alice in Wonderland* der koreanisch-deutschen Komponistin Unsuk Chin. Die Oper erlebte 2007 an der Münchner Staatsoper ihre gefeierte Uraufführung.

derts bilden Paisiellos *Il barbiere de Sevilla* (1782), Mozarts *Le nozze di Figaro* (1786) und *Così fan tutte* (1790) herausragende Beispiele dieses Typus.

Im 19. Jahrhundert dominierten in Italien die Opern Rossinis, Bellinis und Verdis. Im Musikdrama Richard Wagners wird die bis dahin meist übliche Folge von in sich geschlossenen Abschnitten, bestehend aus Rezitativen, Arien, Duetten und Choreinlagen («Nummernoper»), zugunsten einer durchkomponierten Musik aufgelöst. Wesentlich ist auch der Gebrauch von Leitmotiven, wie Wagner sie in seinen Opern in bis dahin nicht gekannter Intensität einsetzt. Dabei handelt es sich meist um kürzere Motive oder harmonische Wendungen, die Personen, Gefühlen oder auch Situationen zugeordnet werden und durch die ein vielfältiges Geflecht an Bezügen dramaturgischer, aber auch psychologischer Art hergestellt wird. Claude Debussy wird zu Beginn des 20. Jahrhunderts in seiner Oper *Pelléas et Mélisande* diese Kompositionstechnik weiterentwickeln. Eine Mischung aus durchkomponierter Musik und Nummernoper gelang Alban Berg mit seinem *Wozzeck* (1925), indem er musikalische Formen der absoluten Musik zur Gestaltung seiner Oper verwendete. Gleichzeitig ist der *Wozzeck* ein herausragendes Beispiel der neuen Form der «Literaturoper», die sich nicht eines speziell geschaffenen Librettos bedient, sondern für die ein bereits existierender Text – in diesem Falle das Drama von Georg Büchner – vertont wird.

Auch in der Neuen Musik spielt die Oper trotz ihres immer wieder prophezeiten Endes eine große Rolle. Opern wie Bernd Alois Zimmermanns *Die Soldaten* (1965), Luigi Nonos *Prometeo* (1984), *Saint François d'Assise* (1983) von Olivier Messiaen, *Die Wände* (1995) von Adriana Hölszky, *L'amour de loin* (2000) von Kaaja Saariaho, *Ein Atemzug – Odyssee* (2006) von Isabel Mundry, *Alice in Wonderland* (2007) von Unsuk Chin und *Hamlet* (2008) von Christian Jost – mit einem Mezzosopran in der Titelpartie – sind nur Beispiele für die phantastischen und vielfältigen Möglichkeiten einer sich fortentwickelnden Oper. Sie ist eine kostenintensive, aber inspirierende und begeisternde Gattung mit Zukunft, die vielleicht mehr als jede andere Kunstform über uns selbst erzählt.

**53. Warum hat sich die Oper so lange gehalten?** Die Oper spielt seit mittlerweile über 400 Jahren eine herausragende Rolle im kulturellen Leben und sogar darüber hinaus. Allein in Venedig wurden im

17. Jahrhundert schätzungsweise über tausend Opern uraufgeführt, im 18. Jahrhundert dürften es deutlich mehr gewesen sein, wahrscheinlich über zweitausend. Wenn man nur die Opernhäuser in Neapel und Venedig betrachtet, haben dort bis heute etwa 4000 Uraufführungen stattgefunden, in Italien überhaupt sind es in den 400 Jahren Operngeschichte etwa 30 000. Insgesamt werden mittlerweile, verteilt auf alle Jahrhunderte und Länder, etwa 50 000 Opern ihre Uraufführung erlebt haben. Allein die über 500 Uraufführungen der letzten zehn Jahre, abgesehen von der kontinuierlichen Vergrößerung des Opernrepertoires durch die Wiederentdeckungen alter Werke, zeigt, wie bemerkenswert aktuell Oper weiterhin ist. Ihre Durchsetzung als gesellschaftliche Institution verdankt die Oper vor allem zwei sehr unterschiedlichen Faktoren: zum einen der Faszination für die menschliche Stimme, die im Barock ihren grandiosen Aufschwung erlebte, zum anderen dem Repräsentationsbedürfnis von Fürsten, Städten und Ländern. Dazu kommt die Sonderstellung der Gattung: Oper war und ist immer etwas Festliches, etwas Opulentes und Herausragendes, ja Rauschhaftes.

Was genau zeichnet nun diese einzigartige Kunstform aus? Vor allem ist es die kongeniale Melange verschiedenster Kunstrichtungen. Welche andere Gattung verbindet so eng Vokal- und Instrumentalmusik, aber auch Schauspiel, Tanz, Dichtung (Libretti) und Malerei (Bühnenbild)? Diese Vielfalt spricht ein ebenso breit gefächertes Zielpublikum an – ein Publikum, das seit Jahrhunderten ins Opernhaus geht, um zu hören und zu sehen, Gleichgesinnte zu treffen und nicht zuletzt, um sich als Angehöriger einer intellektuellen Elite zu präsentieren. Alle westlichen Weltmetropolen mit kulturellem Anspruch können auf ein renommiertes Opernhaus verweisen. Wenn man den erheblichen finanziellen Aufwand bedenkt, ist Oper immer auch Luxus – eine Institution, die per se für Opulenz und Außergewöhnlichkeit steht.

Schon immer war die Oper ein Spiegel der Gesellschaft, mitunter sogar ein Politikum: Sie stand im Dienste von Herrschern oder erboste diese zutiefst. Prominentes Beispiel ist Dmitri Schostakowitschs Oper *Lady Macbeth von Mzensk*. Auf Stalins Geheiß hin wurde nach der Moskauer Uraufführung (1934) der Artikel «Chaos statt Musik» gedruckt – binnen kürzester Zeit war das Werk abgesetzt und ihr Komponist eine Persona non grata. Doch nicht nur in Diktaturen können Opern politisch brisant sein, wie im Jahr 2006 Mozarts *Idomeneo* an der Deutschen Oper in Berlin zeigte. Aus Angst vor islamistischen Protesten setzte die Intendantin die provokante Inszenierung ab und löste dadurch wiederum eine internationale Kulturdebatte aus. Die Verbindungen zwischen Oper und Gesellschaft lassen sich aber auch im größeren historischen Kontext betrachten, etwa anhand der Veränderungen im Opernpublikum, die mit dem gesellschaftlichen Wandel von der höfischen zur bürgerlichen Kultur einhergingen.

Vielleicht ist die Faszination der Oper auch mit den immer sehr farbig und lebendig erzählten Geschichten zu erklären: Es geht um Liebe und Tod, um Eifersucht und Machtstreben, um Verrat und Versöhnung. Es geht um Menschheitsthemen und zeitlose Fragen. Diese faszinierendste und aufwendigste Kunstform aller Zeit ist, wie der Regisseur Alexander Kluge einmal bemerkte, «das Kraftwerk der Gefühle».

**54. Welche ist die längste Oper?** Mit einer Dauer von circa 29 Stunden ist die Heptalogie *LICHT* von Karlheinz Stockhausen die längste Oper und wird daher zu Recht als «ehrgeizigstes Projekt der Musikgeschichte» bezeichnet. Sie besteht aus sieben Opern, die jeweils nacheinander an je einem Tag der Woche gespielt werden sollen. Zwar wurden einzelne Teile uraufgeführt, als Ganzes war das Werk jedoch aufgrund des exorbitanten Organisationsaufwandes noch nicht zu hören.

Bis zur Komposition dieses Zyklus galt Richard Wagners Tetralogie *Der Ring des Nibelungen* mit vierzehn Stunden Aufführungsdauer als die längste Oper. An vier Tagen hintereinander gespielt bleibt sie für Musiker und Zuhörer ein nicht zu unterschätzender Kraftakt. Außerdem wären noch Giovanni Battista Pergolesis *Lo frate 'nnamorato* (Der verliebte Bruder) mit fünf Stunden, Giacomo Meyerbeers *Die Hugenotten* mit vier Stunden oder Richard Strauss' *Rosenkavalier* mit dreieinhalb Stunden Aufführungsdauer zu nennen. Zwei der kürzesten Opern hat Darius Milhaud geschrieben. Seine Bühnenwerke *Die verlassene Ariadne* und *Der befreite Theseus* dauern nur zehn beziehungsweise sechs Minuten.

Zu bedenken ist dabei, dass die Aufführungsdauer je nach Interpretation, aber auch dem Zeitgeschmack entsprechend stark variieren kann. Eine der längsten Opern, die *Meistersinger* von Richard Wagner, hat heute eine Dauer von nahezu fünf Stunden, bei der Uraufführung unter dem Dirigat von Hans von Bülow dauerte sie nur vier

Stunden – beide Angaben betreffen die reine Spielzeit ohne Pausen. Hier vollzog sich im Verlauf von 140 Jahren ein dramatischer Wandel in der Interpretation. Aufgrund unserer Hörgewohnheiten würde eine so schnelle Aufführung heute wie eine Parodie der Meistersinger klingen. Wir wissen nicht, ob die Opern aus der Zeit von Monteverdi, die zum größten Teil aus Sprechgesang, den Rezitativen, bestehen, unter Umständen auch wesentlich schneller ausgeführt wurden.

Die Frage nach der längsten Oper verweist also auf die Bedeutung des subjektiven Erfahrens. Was als schnell oder langsam gehört wird, bestimmen allein Gewohnheit und Verfassung des einzelnen Hörers. Gleiches gilt für lang oder kurz: Wer je eine mittelmäßig gesungene Oper auf unbequemen Klappsitzen erleben musste, weiß, wie lange zwei Stunden sein können.

### 55. Was ist ein Libretto?

Das «libretto», wörtlich «Büchlein», dient als Vorlage für die Komposition einer Oper oder Operette oder eines Musicals. In seiner Funktion als Textgrundlage ist es eng an die Musik gebunden und steht daher zwischen Musik und Literatur, was ihm bisweilen den schlechten Ruf einer «subliterarischen Zweckgattung» einbrachte. Der Text des Librettos passt sich meistens den Besonderheiten der Musik an: zum einen braucht das gesungene mehr Zeit als das gesprochene Wort, so dass die Handlung in relativ knappen Worten dargestellt werden muss. Zum anderen werden, gerade in den Arien, einzelne Sätze häufig wiederholt, an diesen Stellen steht die Zeit gleichsam still, was der Librettist einkalkulieren muss.

Ein Libretto kann die Umarbeitung einer schon vorhandenen Dichtung sein (so arbeitete Verdis Librettist Boito Shakespeares *Othello* für die Komposition um), diese Form des Librettos prägte im 20. Jahrhundert die «Literaturoper». Oder der Text wird erst für die Komposition entworfen; nicht nur Richard Wagner verfasste für den *Ring des Nibelungen* seine eigene Dichtung, sondern auch Ethel Smyth für *The Boatswain's Mate* und Arnold Schönberg für *Die glückliche Hand*.

Ein Libretto zu verfassen, ist eine besondere, komplexe Kunst. Herausragende Librettisten waren zum Beispiel Pietro Metastasio (1698–1782), der bedeutendste Librettist der Opera seria, und Lorenzo da Ponte (1749–1838), der nicht nur in der Zusammenarbeit mit Mozart für *Le nozze di Figaro*, *Don Giovanni* und *Così fan tutte* seine herausragenden Fähigkeiten als Librettist zeigte. Für das 20. Jahrhundert ist

Hugo von Hofmannsthal (1874–1929) zu nennen, er schuf mit Richard Strauss *Elektra, Rosenkavalier* und *Ariadne auf Naxos,* sowie Ingeborg Bachmann (1926–1973) und deren Zusammenarbeit mit Hans Werner Henze. Beide haben mit den Opern *Der Prinz von Homburg* und *Der junge Lord* und der Ballettpantomime *Der Idiot* Geschichte gemacht.

In Einzelfällen haben Komponisten wie Verdi, Glinka, Rimsky-Korsakow und Puccini Passagen in ihren Opern musikalisch entworfen und im Nachhinein den Librettisten gebeten, dazu den passenden Text zu entwerfen – Beispiele für die enge Verzahnung von Text und Musik, nur einmal anders herum.

Die Geschichte des Librettos verläuft parallel zur Geschichte der Oper, einer Gattung, die versucht, die Einheit von Wort und Gesang der antiken Tragödie wiederzubeleben, und damit ebenso literarischen wie musikalischen Ursprungs ist. Die Frage, ob die Musik der Dichtung oder die Dichtung der Musik untergeordnet sei, ist in der Musikgeschichte immer unterschiedlich beantwortet worden. Letztendlich ist die Antwort nicht von Bedeutung, denn Oper erzählt eine Geschichte mit literarischen und musikalischen Mitteln. Text und Musik ergeben am Ende mehr als die Summe ihrer Teile.

**56. Gilt ein Kastrat als Primadonna?** Die Primadonna (italienisch «erste/höchste Frau») singt die führende Frauenrolle in einer Oper. Begrifflich ist ihr männliches Gegenstück der führende Tenor, der sogenannte Primo uomo. Im 17. Jahrhundert war die Rolle der Primadonna fester Bestandteil einer Opernkompanie. Der Begriff stammt wahrscheinlich aus der Zeit der italienischen Commedia dell'arte, der italienischen Stegreifkomödie, in der festgelegte Charaktere wie der «erste Liebhaber» (moroso) oder der «komische Diener» (zanne) auftraten. Quellen aus der Zeit der zweiten Hälfte des 17. Jahrhunderts berichten von einer prima, einer seconda oder auch einer terza donna, die ihrer Rangfolge entsprechend ein absteigendes Gehalt für ihre jeweilige Rolle erhielten.

Die italienische Oper dieser Zeit folgte einer solchen festen Vorgabe nicht. Die «prima parte»-Partie konnte jeder Rolle zufallen, was genügend Anlass zu Diskussion und Streit unter den Mitwirkenden gab.

Im frühen 18. Jahrhundert weitete sich der Begriff aus und bezeichnete nicht mehr nur eine weibliche Rolle in Schauspiel und Oper, sondern auch die Sängerin selbst, die diese Rolle ausführte. Vor allem in Italien übernahmen zu dieser Zeit auch die Kastraten eine «Primadonnen»-Rolle. Dieses Phänomen gehört zu den eher unrühmlichen Erscheinungen der Musikgeschichte, denn die Operation musste noch vor der Pubertät an Kindern vorgenommen werden, um ihre helle Stimme zu erhalten. Da niemand mit Sicherheit sagen konnte, ob die Stimme eines Knaben sich wirklich gut entwickeln würde, kam es zu unzähligen Operationen schlicht auf Verdacht. Wurde ein Kastrat tatsächlich zum Sänger, bestach seine Stimme durch eine von Frauen unerreichbare Klarheit und Geläufigkeit und verhalf ihrem Besitzer zu einem glanzvollen Leben als Star. Noch bis ins 20. Jahrhundert gab es Kastraten, bevor moralische Erwägungen dieses Phänomen verdrängten und die hohen Partien der Oper allein den Frauen vorbehalten blieben.

Die Primadonnen wurden aufgrund ihrer gesangs- und ausdruckstechnischen Virtuosität zu gefeierten Stars in Oper und Gesellschaft, deren manchmal egozentrisches und launisches Verhalten sprichwörtlich wurde. Eine Primadonna wie Adelina Patti konnte im späten 19. Jahrhundert aufgrund ihres Status zum Beispiel fordern, dass ihr Name auf Werbetafeln immer mindestens ein Drittel größer als die Namen der anderen Sänger erschien, oder dass sie – vertraglich abgesichert – grundsätzlich nie zu Proben erscheinen musste.

### 57. Warum kann man die Sänger in Bayreuth besser verstehen als in anderen Opernhäusern?

Zwei Besonderheiten tragen zu den hervorragenden akustischen Verhältnissen im Bayreuther Festspielhaus bei: Der Zuschauerraum, der aus gleichmäßig ansteigenden Sitzreihen nach dem Vorbild eines antiken Amphitheaters gebaut wurde, ermöglicht dem Besucher eine nahezu ideale Sicht auf die Bühne von fast allen Plätzen aus. Der Fußboden ist auf einer Holzkonstruktion gelagert, und selbst die Pfeiler und Säulen im Innenraum sind aus Holz.

Die hölzerne Konstruktion über dem Orchestergraben ist der andere Grund für die als warm und rund empfundene Akustik. Sie besteht aus zwei Teilen: einer bogenförmigen Sichtblende am Rand zwischen Orchestergraben und Zuschauerrängen und einer Klangblende, die am Bühnenrand angebracht ist und den Orchestergraben teilweise überdeckt. Daher ist das Orchester für den Hörer unsichtbar. Der Klang wird zuerst auf die Bühne geführt, wodurch ein Misch-

*Abb. 11:* Der Orchestergraben des Bayreuther Festspielhauses. Wagner ging es bei der «Unsichtbarmachung» des Orchesters nicht nur um Fragen der besseren Klangbalance, sondern auch um den durch nichts abgelenkten Blick des Zuschauers auf die Bühnenhandlung, die durch die Instrumente aus einem «mystischen Abgrund» begleitet werden sollte.

klang entsteht, der die Lokalisierung einzelner Instrumente für den Zuhörer fast unmöglich macht. Stattdessen breitet sich der Orchesterklang «allgegenwärtig» im Raum aus. Es war ein besonderes Anliegen Wagners, den Zuschauer durch nichts vom Geschehen auf der Bühne abzulenken. Der Orchestergraben selber führt terrassenförmig auf sechs Stufen nach unten, gegenläufig zu dem klassischen Orchesteraufbau auf einem Konzertpodium. So sitzt der Pauker, der sonst alle überragt, an der tiefsten Stelle des Grabens.

Gerade diese zunächst ungewohnt wirkende Anordnung trägt zu einem Gesamtklang bei, der vom Zuhörer als gedämpft wahrgenommen wird. Säße das gleiche Orchester auf einem Podium oder in einem sonst üblichen Orchestergraben, wären der Klang und vor allem die Lautstärke wesentlich direkter und stärker. So kann man die Sänger in Bayreuth viel besser verstehen als in anderen Opernhäusern – wenn man es lang genug auf den harten Stühlen aushält.

**58. Waren die Plätze im Parkett schon immer am teuersten?**  Nein.
In einem Opernhaus oder Theater ist das Parkett der ebenerdige,
direkt vor der Bühne liegende Teil des Zuschauerraums. Im barocken
Theater tanzte zeitgleich zur Opernaufführung vor der Bühne ein
Ballett im Parkett, die Zuschauer amüsierten sich, je nach ihrem je-
weiligen gesellschaftlichen Rang, in den verschieden hoch gelegenen
Logenrängen des Zuschauerraums.

Später wurde das Parkett auch für weitere Besucher freigegeben,
die sich zunächst stehend die Aufführungen anschauen mussten.
Erst nach und nach bestuhlte man das Parkett, die Plätze im Parkett
wurden zu den beliebtesten und auch teuersten in einem Opernhaus.
Der Wandel der gesellschaftlichen und politischen Ordnung im
19. Jahrhundert trug wesentlich dazu bei. Theater- und Opernaufführungen waren nicht mehr nur Teil des höfischen Lebens, sondern
etablierten sich im kulturellen Leben des aufstrebenden und sich von
der Aristokratie emanzipierenden Bürgertums. Ein Platz in den Logenrängen wurde von vielen mit der alten, ständischen Ordnung in
Verbindung gebracht und galt somit als unzeitgemäß, geradezu kon-
terrevolutionär. Die Plätze im Parkett haben gegenüber dem Rang
aber auch den praktischen Vorteil, dass man von ihnen aus den besten Blick auf das Geschehen auf der Bühne hat und durch nichts ab-
gelenkt wird. Zudem lassen sich die Sänger aufgrund der geringeren
Distanz besser verstehen. Vor allem deswegen gehören noch heutzutage die vorderen Plätze im Parkett zur teuersten Preisgruppe, worü-
ber sich ein barocker Fürst sicher wundern würde.

In vielen Opernhäusern sind aber auch gerade die Stehplätze eine
feste Institution. Mal werden sie abwertend als «Rasierplätze» bezeichnet, mal beschönigend als «Olymp». In Italien heißen sie «Log-
gioni». Und glaubt man Wilhelm Furtwängler, dann sind die Hörer
auf den Stehplätzen der Mailänder Scala die «eindrucksvollsten auf
der ganzen Welt». Verglichen mit den teuren Sitzplätzen im Parkett
sind die Karten im obersten Rang sehr günstig zu erwerben; so mancher, der als wahrer Opernliebhaber häufig zu den Vorstellungen
geht, schont mit den Stehplätzen seinen Geldbeutel. Oft stehen die
«Loggionisti» stundenlang vor der Vorführung an, um eine der
Stehplatzkarten zu ergattern, die es erst an der Abendkasse gibt. Das
ist bereits Teil des Opernbesuchs, im Warten tauscht man schon
den neuesten Klatsch der Opernwelt aus. Viele Dirigentinnen und
Dirigenten halten die Olymp-Zuschauer auch für weitaus kundiger

als die Musikkritiker: Ihr Gehör sei durch unzählige Aufführungen geschult, sie gingen in die Oper aus Liebe zur Musik und nicht aus Prestige.

### 59. Aida als Putzfrau, Händel im Waschsalon – Kunst oder Skandal?
Jede Oper ist darauf angewiesen, in Szene gesetzt zu werden. Ohne Inszenierung bleibt das Kunstwerk Oper halbfertig; allerdings gibt es immer wieder solche «konzertanten Aufführungen». Anders als die Musik, die in der Partitur festgehalten ist, bildet die Inszenierung einen variablen Bestandteil, der dem Regisseur die Möglichkeit künstlerischer Interpretation bietet.

Mit welchen Mitteln bringt nun der Regisseur eine Oper auf die Bühne? Bei der sogenannten «werktreuen» Inszenierung steht eine enge Orientierung am Text, der Partitur, den Regieanweisungen und dem jeweiligen historischen Kontext im Vordergrund. Auf der anderen Seite steht die moderne Inszenierung, die eine Oper sehr viel freier deutet und, von Aufführungstraditionen gelöst, aktualisiert. In ihren extremen Ausformungen bezeichnet man diese freien Interpretationen auch als «Regietheater», das besonders ausgeprägt in deutschsprachigen Ländern gepflegt wird. In den 1970er Jahren bestimmte das «Regietheater» das Verhältnis von Musik und Bühnengeschehen neu und löst seither immer wieder Skandale und große Kontroversen aus. Der Regisseur gewinnt an Bedeutung, und im Zuge postmoderner Theoriebildung gibt es nicht mehr eine «wahre», allgemeingültige, sondern viele Deutungsmöglichkeiten. Der Opernstoff soll stets kritisch überprüft, neu interpretiert und auf seinen Gegenwartsbezug hin untersucht werden. Mit den Interpretationen des Regietheaters gehen nicht selten Eingriffe in die Handlung und den musikalischen Ablauf einher. So versetzte Doris Dörrie *Così fan tutte* an der Berliner Staatsoper Unter den Linden in ihrer Inszenierung aus dem Jahr 2001 in die 70er Jahre, und Peter Konwitschny aktualisierte auf sensationelle Art Luigi Nonos Oper *Al gran sole carico d'amore*, die im Jahr 2004 zur «Inszenierung des Jahres» gewählt wurde.

Kritiker werfen seit jeher dem Regietheater die «Fälschung» des Originals vor und fordern, dass die Musik in den Vordergrund treten und die inszenatorischen Mittel reduziert werden sollten. Oft wird dabei aber von einer speziellen Aufführung unbedacht auf das Ganze geschlossen. Es gab und gibt immer wieder sensationelle und gefeierte Inszenierungen des Regietheaters wie beispielsweise den *Don Giovanni* des Regisseurs Stefan Herheim im Essener Aalto-Theater (2006), der den Titelhelden zum Priester machte und die Handlung in eine Kirche verlegte – der Zuspruch des Publikums und der Applaus waren trotz der brachialen Umdeutung gewaltig. Dasselbe Stück in einer nicht minder radikalen Inszenierung von Calixto Bieito an der Staatsoper Hannover 2002 wurde mit 3500 Abonnementkündigungen zu einem Fanal für das Opernhaus. Ob eine Inszenierung akzeptiert oder abgelehnt wird, hängt also nicht nur vom Regisseur ab.

Würden alle Regisseure nur strikt nach den Anweisungen der Partitur arbeiten, wäre der optische Reiz der Oper schnell verbraucht. Insofern trägt die künstlerisch verantwortungsvolle Form des Regietheaters dazu bei, die Theaterlandschaft in Deutschland mit Leben zu füllen. Eine immer wieder ähnliche Darstellung etwa des *Don Giovanni* verlöre für das Publikum schnell an Attraktivität. Das Risiko eines echten Skandals bleibt erhalten – immerhin liefert die Oper dann oft fruchtbaren Gesprächsstoff.

Bei dem Plädoyer für eine werktreue Inszenierung wird oft außer Acht gelassen, dass erst ein Durchdenken der musikalischen *und* szenischen Perspektive dem komplexen Zusammenwirken aller Interpretationsebenen in der Oper gerecht wird. Die Begriffe Werktreue und Regietheater bilden somit zwei extreme Pole, das Rezept für eine erfolgreiche Operninszenierung ist immer ein Kompromiss: eine Aufführung, die die Qualität des klanglichen Ergebnisses und die Originalität der Inszenierung gleichermaßen im Blick behält.

**60. Was hat Oper mit Politik zu tun?**  Die Oper ist – ähnlich wie das Theater – besonders gut dafür geeignet, politische und gesellschaftskritische Positionen zu beziehen. Das kann durch ein Libretto wie Mozarts *Le nozze di Figaro* geschehen (in dem die moralische Verderbtheit des Adels dargestellt wird) oder durch eine gewagte, aktuelle politische Bezüge einbauende Inszenierung, wie sie besonders zwischen 1970 und 1990 in deutschen Opernhäusern verbreitet waren. Auch mit der Musik selbst können Assoziationen beim Hörer ausgelöst werden, die geschickt auf kritische Ansichten schließen lassen.

Dieses Potenzial der Oper war in der Vergangenheit nicht unproblematisch, vor allem, wenn sich die Kritik gegen die eigenen Förderer richtete, auf die Opernhäuser – mit dem gewaltigen finanziellen Aufwand, der zu ihrem Unterhalt nötig ist – seit jeher angewiesen sind.

Gerade im 18. und 19. Jahrhundert, als die meisten Opernhäuser entweder direkt an den Höfen angesiedelt waren oder zumindest mit Unterstützung des jeweiligen (Landes-)Fürsten betrieben wurden, ging mit der Finanzierung immer auch Beaufsichtigung, meist sogar Zensur, einher. Viele Komponisten versuchten, dieser durch die Wahl unverfänglicher Themen auszuweichen, oder bemühten sich zumindest, ihre Kritik gut zu verpacken.

Für die Fürsten bedeuteten Opernaufführungen aber nicht nur ein gewisses, wenn auch dank der Zensoren überschaubares Risiko, sondern sie erfüllten auch eine wichtige repräsentative Funktion. Die einzigartige Kombination von Musik, Tanz, Theater und bildender Kunst machte die Oper zu *dem* Erlebnis für die Sinne – und der Besitz eines eigenen Opernhauses bedeutete Ansehen und Prestige.

Aber nicht nur für die Repräsentationsbedürfnisse von Monarchen, auch für das Selbstverständnis ganzer Nationen spielte die Gattung eine Rolle. In der Mitte des 19. Jahrhunderts versuchten patriotische Bewegungen mit Hilfe der Oper ihre nationale Identität zu untermauern.

Das beste Beispiel ist Giuseppe Verdi, dessen Opern zum Symbol für die italienische Einigung wurden. Dabei ist allerdings sehr genau zwischen seinem Selbstverständnis als Komponist und der Rezeption seiner Werke zu unterscheiden, denn Verdi war zwar bekennender Patriot und zeitweise sogar als Abgeordneter in der Politik aktiv; inwieweit er aber mit seinen Opern tatsächlich direkt politisch wirken wollte, ist nicht immer eindeutig. So ist unklar, ob Verdi den Gefangenenchor in der Oper *Nabucco* als direkte Anspielung auf die ‹Gefangenschaft› der Italiener unter der Herrschaft der Habsburger und Bourbonen verstanden wissen wollte, zumal er andere Kompositionsaufträge, die ihm deutlichere Möglichkeiten zur politischen Stellungnahme gegeben hätten, meist ablehnte. Diese Form der Parteinahme widersprach seinem Kunstverständnis. Trotzdem entstand schon zu Lebzeiten das bis heute nachwirkende Bild von Verdi als einem engagierten Freiheitskämpfer und Patrioten.

In den letzten hundert Jahren hat die Oper durch den Aufstieg von Funk und Fernsehen einiges an Bedeutung und Wirkungskraft verloren und ist daher auch für die Politik nicht mehr in dem Maße interessant wie früher. Dennoch ist sie gerade in Italien weiterhin bedeutsam für die nationale Identitätsbildung, und auch in Deutschland zeigt das rege Interesse der (Polit-)Prominenz beispielsweise an den sommerlichen Festspielen, dass die Oper ihren hervorgehobenen Platz im Kulturleben behauptet. Manches neue Werk schöpft noch immer aus ihrem gesellschaftskritischen Potenzial, wie zum Beispiel die Opern von John Adams, Meredith Monk, Hans Werner Henze, Tania León oder Luigi Nono zeigen.

**61. Was meint Wagner, wenn er vom «Gesamtkunstwerk» spricht?** Richard Wagner war nach der gescheiterten Revolution 1848/49 zutiefst überzeugt, dass soziale und künstlerische Reformen nötig seien. Er war ein hochgebildeter und belesener Komponist und Schriftsteller, Dramatiker, Dirigent und Theaterregisseur, den besonders die Philosophen Schelling, Feuerbach, Marx und Schopenhauer faszinierten. Er wollte der Kunst ihre Freiheit zurückerobern, die er von Industrialisierung und Kapitalisierung sowie dem aus seiner Sicht zunehmenden Einfluss jüdischer Intellektueller bedroht sah. Ausgehend von einer romantisierten Vorstellung des antiken griechischen Dramas, der attischen Tragödie, formulierte Wagner in den Essays *Das Kunstwerk der Zukunft* und *Oper und Drama* seine Theorie des Gesamtkunstwerks.

Die Vereinigung der Künste Tanz, Musik und Poesie mit den übrigen Kunstformen Architektur, Bildhauerei und Malerei sollte unter der Führung der Musik eine Art Menschheitskunstwerk hervorbringen; Wagner spricht vom «notwendig denkbaren gemeinsamen Werk der Menschen der Zukunft».

Obwohl die Idee des Gesamtkunstwerks an sich nicht neu war – sie taucht unter anderem schon bei Lessing und Goethe auf –, gewinnt sie in der Romantik an Bedeutung. Die Vorstellung von einer Einheit der Künste als symbolischer Ausdruck der Einheit der Welt hatte niemand vor Wagner so konsequent durchdacht und umgesetzt: Der *Ring des Nibelungen* ist *das* Gesamtkunstwerk schlechthin. Es schließt selbst den Aufführungsort mit ein, denn das Bayreuther Opernhaus ist von der Operntetralogie nicht zu trennen.

Das Orchester hat in Wagners Opernästhetik nicht mehr begleitende Funktion, sondern führt ohne Unterbrechung des musikalischen Flusses durch die Handlung. Mittels der neuen Leitmotivtechnik, bei der bestimmte musikalische Motive Personen, Gegenständen oder Situationen zugeordnet sind, erreicht Wagner einen Höchstgrad an Vernetzung von theatralischer Handlung und Musik. Mit der neuartigen Textdeklamation, bei der die Verständlichkeit des Wortes im

Vordergrund steht, folgt die musikalische Struktur der natürlichen Sprachmelodie und den Wortbetonungen. Der Verzicht auf Arien und abgeschlossene Ensembleauftritte ermöglicht größere szenische Einheiten, die vollständig durchkomponiert sind. Eine solche Kompositionstechnik, die die Grenzen der tonalen Harmonik und Melodik auslotet, reicht musikgeschichtlich weit ins 20. Jahrhundert hinein. Hinzu kommt, dass Wagner nicht nur für Text und Musik verantwortlich zeichnete, sondern auch seine Vorstellungen bezüglich Bühnenbild und Regie äußerte. Undenkbar gewesen wäre die Realisierung dieser gigantischen Ideen ohne das üppige Mäzenatentum von Wagners kunstbesessenem Förderer und Freund, dem bayerischen König Ludwig II.

Von der Faszination, die von der Idee des Gesamtkunstwerks weiterhin ausgeht, zeugen die Werke von Komponisten des 20. und 21. Jahrhunderts wie Bernd Alois Zimmermann, Steve Reich, Olga Neuwirth oder Tan Dun, die mit ihren Kompositionen an Wagners Idee einer Zeit und Raum entgrenzenden Opernkonzeption anknüpfen. Man könnte mit guten Argumenten die These vertreten, dass Wagners Gesamtkunstwerk besonders *eine* der neuen Künste des 20. Jahrhunderts ästhetisch vorbereitete: den Film. In keiner anderen Gattung ist die Verbindung verschiedenster Künste so deutlich, und keine andere Kunst beansprucht, die Menschen so völlig in ihren Bann zu ziehen wie der Film. Es ist sicherlich kein Zufall, dass sich Filmmusik-Komponisten wie John Williams, Jerry Goldsmith, Howard Shore, Rachel Portman oder Wendy Carlos auf Richard Wagner beziehen – sowohl in der Leitmotivtechnik als auch in der Vorstellung, Musik als emotionale Sprache einzusetzen, wenn der Zuschauerraum verdunkelt ist und nur noch eines zählt: das Geschehen auf der Bühne oder der Leinwand.

### 62. Welche Bedeutung hat das Ballett für die Klassische Musik?

Die erste Blütezeit erlebte das Ballett am Hofe Ludwigs XIV., der selbst ein begeisterter Tänzer war. Dort komponierte Jean-Baptiste Lully, ein Star unter den damaligen Hofkomponisten, dessen Name auch mit den Anfängen der französischen Oper in den 1670er Jahren verbunden ist. Von Anfang an war das Ballett wesentliches Element der Oper. Im 18. Jahrhundert war es eine Seitendisziplin in der *opera buffa* und der französischen Oper (Rameau), insgesamt ging seine Bedeutung als eigenständige Gattung jedoch zu dieser Zeit zurück.

Im Verlauf des 19. Jahrhunderts verwahrte sich das Ballett in Frankreich und Russland zunehmend vor der Vereinnahmung durch die Oper. Das «Handlungsballett» wurde erfunden, in dem die Handlung eines Stoffes getanzt, also dargestellt wird. Die ersten namhaften Komponisten, die solche abendfüllenden Ballette schrieben, waren Adolphe Adam (*Giselle*) und etwas später Peter Tschaikowski, dessen *Nussknacker* und *Schwanensee* bis heute Publikumsmagneten sind. Um die Wende zum 20. Jahrhundert nahm die in Paris gastierende russische Balletttruppe von Sergej Diaghilew eine Schlüsselstellung zwischen klassischem Tanz und Avantgarde ein. Alle bedeutenden Pariser Neuerer jener Zeit komponierten Ballette für diese Truppe: Debussy schrieb *Jeux*, Ravel *Daphnis et Chloé*, aber vor allem wies Strawinskys *Le Sacre du Printemps* der modernen Musik insgesamt eine neue Richtung. Die Verquickung von Heidentum, nahezu lasziver Körperlichkeit und bis dahin unerhörter Rhythmisierung der Musik war vermutlich in solcher Form nur im Ballett möglich und löste einen der größten Musikskandale des 20. Jahrhunderts aus.

Die Grenzen zu Ausdruckstanz, Tanztheater und Performance sind in den letzten Jahrzehnten immer fließender geworden. Bedeutende Balletttänzer und -tänzerinnen wie Rudolf Nurejew, Marcia Haydée oder Sylvie Guillem sowie Choreographen wie John Cranko, Pina Bausch oder John Neumeier bereicherten und bereichern unsere Kulturszene. Die Zukunft des Tanzes scheint in Zeiten finanzieller Verknappung allerdings ungewiss, zumal die Abhängigkeit der Ensembles von der öffentlichen Hand groß ist, dort weniger verdient und noch einschneidender gekürzt wird als in vielen anderen Bereichen. Den Bühnentanz allein dem Musical zu überlassen, wäre allerdings ein immenser Verlust für das kulturelle Leben.

**63. Warum ist das *Phantom der Oper* keine Oper?** Karten für Musicalaufführungen sind oft mindestens ebenso teuer wie ein Opernbesuch, denn die meisten Musicals müssen sich finanziell selbst tragen und leben nicht wie die großen deutschen Opernhäuser zum größten Teil von staatlichen Subventionen. Das Musical ist daher vor allem auf Popularität und kommerziellen Erfolg ausgerichtet, es wartet mit Erlebnisqualitäten und eingängiger Musik auf. Obwohl aus diesem Grund, und durch immer kürzere Produktions- und Aufführungszyklen, viele moderne Musicals nicht gerade durch Einfallsreichtum und musikalische Qualität bestechen, sollte man diese

Form des Musiktheaters nicht pauschal als minderwertigen Opern-abklatsch oder halbseidene Nachfolgerin der Operette abtun. Das Musical stellt eine eigene, genreübergreifende Kunstform dar, so dass das *Phantom der Oper* eben keine Oper in anderem Gewand ist. Als seine Urform wird *The black crook* von 1866 bezeichnet, bei dessen Aufführung durch Zufall einfach ein Ballett in ein Schauermelodram integriert wurde; die Handlung war noch rudimentär und die Musik zusammengewürfelt und belanglos. Die «musical comedy» bildete anfangs einen Schmelztiegel lose aneinandergereihter Nummern; erst im Laufe des 20. Jahrhunderts wurde zunehmend Wert auf ein zusammenhängendes, durchkomponiertes Stück gelegt. Die Handlung erlangte immer mehr Kontur; teilweise setzte sich das Musical mit zeitgenössischen Themen kritisch auseinander. Das Ziel, das in den 1940er Jahren zum Schlagwort wurde, lautete «Integration»; Handlung, Songtexte und Musik sollten aufeinander bezogen werden. Zudem wurde seit den 1960er Jahren, vor allem durch Regie führende Choreographen, der Tanz zum Ausdrucks- und Handlungsträger befördert.

Musicaldarsteller sind – anders als Opernsänger, bei denen in erster Linie Wert auf die Stimme gelegt wird – vielseitige Akteure: idealerweise Bühnenschauspieler mit guter Gesangs- und Tanzausbildung. Während die Operndarsteller in eher statischen Posen singen, müssen sie gleichermaßen spielen, singen, sprechen und tanzen können. Gerade im modernen Musical ist der Tanz zentral. Musicaldarsteller sollten verschiedene Stile wie Step, Ballett, Jazz und Modern Dance beherrschen.

Ähnlich wie früher in der Oper wurde und wird ein Musical gewöhnlich während der Probenphase und danach umfassend modifiziert. Striche, Kürzungen, Umstellungen und sogar Neufassungen von Musik und Texten sind üblich. Kategorien wie «Werktreue» oder «Authentizität» sind daher nur bedingt auf Musicals anwendbar; viele Stücke wurden nie als zu konservierende Kunstwerke und mögliche Gegenstände historischen Interesses angesehen. Komplette Klavierauszüge erschienen nur ausnahmsweise, originale Orchestrationen sind vielfach verschollen, Orchesterpartituren sind bis heute nicht veröffentlicht worden. Dennoch hat sich ein Kanon «klassischer» Musicals herausgebildet, Stücke wie *My Fair Lady*, *West Side Story*, *The Rocky Horror Picture Show* und *Hair* wurden teilweise verfilmt und werden heute noch weltweit aufgeführt.

**64. Warum ist Oper so teuer?**   Wenn man, nach Erwerb einer vermeintlich teuren Karte von zum Beispiel siebzig Euro, einer Opernaufführung beigewohnt und den hoffentlich guten Stimmen gelauscht hat und man dann, nach einigen Stunden, mehr oder weniger verzaubert, das Opernhaus verlässt, könnte man sich die Frage stellen, warum man für die Darbietung der Sänger deutlich mehr bezahlen musste als für ein Symphoniekonzert.

Natürlich, ein Orchester hat auch gespielt, im Orchestergraben. Dann war da ja auch noch ein Chor und im Hintergrund dieses riesige Bühnenbild. Und waren das nicht professionelle Tänzer in der Ballszene? Standen da nicht zwischendurch Statisten auf der Bühne, die nicht zum Chor gehörten? Ganz zu schweigen von dem üblichen Sicherheits- und Servicepersonal.

Und das ist nur der Teil der Mitwirkenden, den man in der Oper zu *sehen* bekommt. Der Großteil der Beteiligten bleibt bei einer Vorstellung unsichtbar. Der Inspizient garantiert den reibungslosen Ablauf, er verfolgt das gesamte Geschehen im Bühnenbereich auf mehreren Monitoren, um jeden Akteur rechtzeitig an Ort und Stelle zu rufen. Der gesamte Auf-, Ab- und Umbau des Bühnenbildes – eine riesige Bühnenmaschinerie, bestehend aus mechanischen Systemen zur Einrichtung und Gestaltung des Bühnenraumes, zum Bewegen und Lagern der Bühnenbildelemente, für die Beleuchtungs- und Projektionstechnik und für den Brandschutz sowie dem akustischen System der Tontechnik – wird von technischen Mitarbeitern, Bühnenbetrieb genannt und bis zu hundert Personen umfassend, bewältigt. Die Zahl der während einer Aufführung hinter der Bühne Arbeitenden ist also in der Regel wesentlich höher als die der Musiker.

Damit eine Oper aber überhaupt zur Aufführung gelangen kann, bedarf es einer umfassenden Vorbereitung. Die überdimensionalen Bühnenbilder werden vom Bühnenbildner entworfen und von Schreinern und Malern in großen Montagehallen angefertigt. Der Kostümbildner entwirft die Kostüme, die von Gewandmeistern und deren Assistenten angefertigt oder umgenäht und individuell angepasst werden müssen. Der Regisseur inszeniert zusammen mit seinen Assistenten, der Choreograph ist für Tanz und Bewegung zuständig, der Chorleiter probt mit dem Haus- und dem Extrachor, der Dirigent leitet das Orchester. Ein umfangreicher Verwaltungsapparat, von der Buchhaltung über die PR-Abteilung und das Personalmanagement bis hin zum Intendanten, führt ein Unternehmen von der Größe

*Abb. 12:* Das Titelblatt zum Zweiten Akt der Komischen Oper *La vanità delusa ossia il mercato di Malmantile* (1784) von Domenico Cimarosa (1749–1801) mit koloriertem Kupferstich zeugt in seiner Sorgfalt von der Wertschätzung für die Kunstform «Oper». Der italienische Komponist schrieb über 90 Opern und wurde 1791 als Nachfolger von Antonio Salieri an den Hof von Leopold II. in Wien berufen.

eines mittelständischen Betriebes. Die oft als Kostentreiber angeführten Sängergagen machen dabei nur einen kleinen Teil des Budgets aus. Deswegen konnte der bekannte Opernintendant und Regisseur August Everding auf die Kritik an den enormen Unterhaltskosten einmal sehr listig vorrechnen, dass die Oper dann am «billigsten» sei, wenn sie abends überhaupt nicht spiele.

Durch den Kartenverkauf werden nur ungefähr 15 Prozent aller Ausgaben gedeckt; die eingangs erwähnte Karte zu siebzig Euro müsste theoretisch über 400 Euro kosten. Dank der Subventionen der öffentlichen Hand und durch Sponsoren ist eine Opernkarte also eigentlich richtig günstig.

# Kompositionen und Komponisten durch die Jahrhunderte

**65. Welche sind die wichtigsten musikalischen Gattungen?** Symphonie, Klavierkonzert, Oper, Oratorium, Streichquartett und Lied: Die Vielfalt der Gattungen prägt das heutige Musikleben unwiderruflich. Gattungen unterscheiden sich in ihrer Besetzung (Solo-, Kammer- oder Orchestermusik), hinsichtlich des verwendeten Textes (weltliche Oper, geistliche Messe oder Oratorium) oder ihres vorgesehenen Aufführungsortes (Kirche oder Konzertsaal).

Die wahrscheinlich älteste Gattung mehrstimmiger Musik ist die Motette, die seit dem Mittelalter nachgewiesen ist. Dabei handelt es sich um die Vertonung eines biblischen Textes für mehrstimmigen Chor. Im 16. Jahrhundert erlangte sie durch Komponisten wie Orlando di Lasso oder Palestrina mit der Technik der Durchimitation große Bedeutung. Hierbei wird der Beginn einer jeden Textzeile mit einem eigenen Motiv (Soggetto) versehen, das die Stimmen nacheinander imitieren.

Während die Motette in den späteren Jahrhunderten insgesamt wieder an Bedeutung verlor, war die Messe in allen Epochen präsent. So unterschiedlich die Kompositionen im Einzelnen auch sein mögen, allen Messvertonungen ist gemeinsam, dass sie als Textgrundlage einer mehrstimmigen Vokalkomposition immer das katholische Ordinarium mit Kyrie, Gloria, Credo, Sanctus und Agnus Dei verwenden. Als erste zyklisch konzipierte Messe gilt die *Messe de Notre Dame* von Guillaume de Machaut (1300–1377).

Auch Oratorium und Passion, Werke für Soli, Chor und Orchester, basieren auf geistlichen Texten. Eine besondere Bedeutung hat hier der Erzähler, der, vom Generalbass begleitet, in Rezitativen die Handlung des Bibeltextes zwischen den Arien und Chören vorträgt. Bachs *Matthäuspassion* oder *Die Schöpfung* von Haydn sind herausragende Beispiele der Passionen und Oratorien im 18. Jahrhundert, *Das biblische Oratorium* von Fanny Hensel ein Beispiel für das 19. Jahrhundert und die 2002 uraufgeführte und 2007 in deutschsprachiger Erstaufführung präsentierte *Johannespassion* von Sofia Gubaidulina ein faszinierendes Beispiel für das 21. Jahrhundert.

Die Gattung Oper wurde seit ihrer Entstehung zu Beginn des 17. Jahrhunderts kontinuierlich gepflegt. Zwar haben sich die Themen der Handlung, die darstellerischen Mittel und die musikalische

Form bis heute zum Teil radikal geändert, aber in ihrer Grundstruktur einer von Instrumenten begleiteten Bühnenhandlung ist sie bis in unsere Zeit präsent.

Die Sonatenhauptsatzform brachte in der Wiener Klassik eine ganze Reihe neuer Gattungen mit sich. Unter Sonatenhauptsatzform versteht man den formalen Ablauf aus Exposition (Vorstellung der Themen), Durchführung (Verarbeitung) und Reprise (modifizierte Wiederholung der Exposition), der eine Coda folgen kann. Seien es Solosonaten, Sonaten für Violine oder Violoncello und Klavier, Trios oder (Streich-)Quartette, Orchesterwerke wie Symphonie oder Solokonzert: Sie alle zeichnet der drei- bis viersätzige Aufbau aus, deren erster Satz (Kopfsatz) sich an der Sonatenhauptsatzform orientiert.

Dem Klavierlied kommt in der Romantik überragende Bedeutung zu. Vor allem Franz Schubert und Robert Schumann eröffneten mit diesem vom Klavier begleiteten Sologesang neue Ausdrucksbereiche und setzten Maßstäbe für diese Kunstform.

Die Etablierung neuer Gattungen wirkt meist auf die Komponisten der nachfolgenden Generationen fort. So gibt es auch in der Romantik und im 20. Jahrhundert Symphonien und Streichquartette. In der Neuen Musik nahm die Bedeutung tradierter Gattungen eine Zeitlang ab – aber im späten 20. und beginnenden 21. Jahrhundert sind die Werkverzeichnisse wieder gefüllt mit Konzerten, Symphonien, Streichquartetten und Opern – neben neuen, offenen Formen.

**66. Kennen wir schon alles, was bis jetzt komponiert wurde, und wie viel von der Musik, die wir kennen, ist bereits eingespielt?** Wer ein großes CD-Geschäft für klassische Musik besucht oder in Verzeichnissen von MP3–Files nachschaut, könnte leicht auf den Gedanken kommen, dass die in den zurückliegenden Jahrhunderten komponierte Musik ganz oder doch jedenfalls zum größten Teil eingespielt ist. Das Blättern in Lexika oder Bibliothekskatalogen belehrt den Interessierten schnell eines Besseren. Nur das Gesamtwerk der sogenannten großen Meister wie etwa Monteverdi, Bach, Mozart, Beethoven oder Wagner ist umfassend auf Tonträgern dokumentiert. Aber schon bei sehr bekannten Komponisten wie Telemann oder Vivaldi findet man nur einen Teil ihres Schaffens auf CD, von unbekannteren Komponisten – die in den 1950er Jahren noch als «Kleinmeister» links liegen gelassen wurden – und den erst seit etwa dreißig Jahren zunehmend ins Blickfeld gerückten Komponistinnen gar nicht zu reden. 2008, dem Jahr ihres 150. Geburtstages, sind nur die wenigsten der Opern, Symphonien, Messen und Kammermusikwerke von Ethel Smyth (1858–1944) eingespielt, geschweige denn ediert. Bisher ist allein das Schaffen der französischen Komponistin Louise Farrenc (1804–1875) in einer Gesamtausgabe publiziert, eine von tausenden von Komponistinnen.

Auch ob es sich lohnt, alle 44 Passionen Telemanns oder die über 200 Violinkonzerte Vivaldis aufzunehmen, ist eine berechtigte Frage. Sicher ist aber, dass sich von beiden noch viel Lohnendes für das Publikum verborgen hält. Und diese zwei genannten sind nur die Spitze eines sprichwörtlichen Eisberges.

Viele Kompositionen sind zwar nicht eingespielt, aber doch immerhin als gedruckte Noten den Musikern ohne Probleme zugänglich und somit im Konzert aufführbar. Doch betrifft das nur einen kleineren Teil dessen, was in großen Bibliotheken in aller Welt noch als Manuskript oder als lange zurückliegender Erstdruck lagert. Zudem sind viele Bestände bis heute nicht katalogisiert. Diese Tatsache trat mit dem großen Brand der Anna-Amalia-Bibliothek in Weimar 2004 ins öffentliche Bewusstsein: Damals wurden zahlreiche Musikalien, zum Beispiel die Cembalokonzerte von Anna Amalia, die weder gedruckt, kopiert noch bis dahin gesichtet waren, zerstört. Diese Musik ist für immer verloren.

Seit die Musikwissenschaft eine ihr gelegentlich angelastete «Heroengeschichtsschreibung» und «Meisterwerkhuldigung» kritisch befragt und eine breiter angelegte historische Forschung betreibt, sind viele bis dahin unbekannte Werke an die Öffentlichkeit gelangt. Wer aber beispielsweise die fast unberührten Bestände italienischer Bibliotheken einsieht, weiß, dass ein großer Teil aller bisher komponierten Musik noch darauf wartet, von zukünftigen Generationen entdeckt zu werden.

**67. Seit wann gibt es Originalaufnahmen von klassischen Komponisten und was kann man von ihnen lernen?** Im Jahre 1904 ließ sich die Freiburger Firma Welte & Söhne ein mechanisches Klavier namens *Mignon* (später: *Welte-Mignon*) patentieren. Das funktionierte mittels einer Notenrolle, die zuerst von einem Pianisten in einem komplizierten Verfahren bespielt wurde und dann in einem solchen Klavier die aufgezeichneten «Anschläge» des Pianisten weitgehend originalgetreu reproduzierte.

Es handelt sich um die erste Erfindung, die Aufnahme und Wiedergabe von Klaviermusik in akzeptabler Qualität möglich machte; allerdings wurde natürlich nur der Spieler, nicht aber das Instrument «ersetzt». Wegen des hohen Aufwands – auch des Kostenaufwands – taugte es nicht zum Massenmedium und verschwand um 1930 von der Bildfläche.

Als Aufnahmesystem wurde es jedoch von Komponisten und Pianisten wie Busoni, Mahler, Skrjabin, Debussy und Strauss geschätzt, und auch die ersten erhaltenen Horowitz-Aufnahmen sind *Welte-Mignon-Rollen*. Seitdem wird Musik auf diversen Medien «abgespeichert»: Schellack und Vinyl, Tonband und Digitalformate haben die Tonkunst reproduzierbar, für jeden erschwinglich und vor allem jederzeit verfügbar gemacht. Dies hat einerseits Musik allgegenwärtig und somit Musikproduktion zu einem Massengeschäft werden lassen; andererseits stellt die ständige Verfügbarkeit eines bestimmten Musikstückes im CD-Regal hohe Qualitätsansprüche an Interpreten wie Aufnahmetechniker – denn ein unliebsames Detail stört bei jedem neuerlichen Hören umso mehr.

Für Komponisten scheint mit der Erfindung der Tonaufnahmen ein Traum in Erfüllung gegangen zu sein, wurde doch das bisher «flüchtige» Medium Musik gebannt und abrufbar. Tatsächlich sind zahllose Werke von ihren Schöpfern gespielt, dirigiert und aufgenommen worden. Man könnte meinen, die beste Aufnahme eines Werkes sei diejenige, die vom Komponisten selbst am Klavier oder am Dirigentenpult eingespielt wurde. Doch auch der Komponist ist oft nur in seinem eigenen schöpferischen Bereich «Spezialist» und überlässt die Umsetzung seiner Werke manchmal besser den Instrumentalisten, Sängern und Dirigenten.

Igor Strawinsky beispielsweise hatte ganz genaue Vorstellungen davon, wie seine Partituren aufzuführen seien. Er hatte sogar eine Abneigung gegen das Wort interpretieren; alles, *was wie* zu spielen sei, stehe in seinen Partituren und lasse keinen Spielraum für Interpretation. Dass häufig die eigene Vorstellung von den überlieferten Fassungen von Komponisten stark abweicht, sollte zur Reflexion über den eigenen historischen Standort anregen und den Raum öffnen für die Erkenntnis, dass auch interpretatorisch offensichtlich viele Wege nach Rom führen.

**68. Kann man religiöse von weltlicher Musik am Klang unterschei-
den?** In Bachs *Matthäuspassion* erklingt nach dem Tod Jesu der Choral «Wenn ich einmal soll scheiden», ein theologisch tiefgreifendes
und anrührendes Gebet, das vom Chor mit einer Melodie gesungen
wird, die in den christlichen Kirchen seit Jahrhunderten hauptsächlich der dunklen Passionszeit vor dem Osterfest vorbehalten ist. Und
doch war diese Melodie, mit dem Text einer Christusbetrachtung
(«O Haupt voll Blut und Wunden») eines der bekanntesten Lieder der
Gesangbücher, für ein Liebeslied erfunden worden: Hans Leo Haßler
komponierte sie zum Text «Mein G'müth ist mir verwirret, das
macht ein Jungfrau fein». Dies ist nur das besonders schöne Beispiel
eines Vorgangs, der von Beginn der Mehrstimmigkeit an immer wieder praktiziert wurde und in der Musikwissenschaft «Parodie» genannt wird. Es zeigt sich, dass schon die Komponisten selbst in der
Musik keinen geistlichen oder weltlichen Charakter erkannten, sondern dass erst der Text, oder besser der Kontext, ihr die gewünschte
inhaltliche Bedeutung zuschreibt. Mit der entscheidenden Bedeutung des Kontextes kann die Frage nach geistlicher Musik sehr
schwierig werden: Eine Passionsaufführung im Konzertsaal oder der
Satz eines Violinkonzerts in einem Gottesdienst – solche Auffüh-
rungspraktiken lassen die Grenzen völlig verschwimmen. Und wer
eine Oper und ein Oratorium etwa von Händel vergleicht, wird be-
merken, dass zum Beispiel eine Arie, die ein von seiner Geliebten ver-
lassener Held singt, und eine geistliche Passionsarie mit genau denselben musikalischen Mitteln und Figuren arbeiten. Ganz abgesehen
davon, dass es zahlreiche Beispiele für den Einfluss religiöser Musik
in weltlichen Werken gibt, die nur in der Analyse offengelegt werden
können, während das Ohr die Motivation oder den Kontext nicht
dechiffrieren kann.

Jenseits unseres Kulturkreises verschwinden solche Zusammenhänge
gänzlich, da wir etwa indische Tempelmusik ohne weitere Kenntnisse
niemals als religiöse Musik identifizieren könnten. Wie bei jeder
Sprache beruht auch das Verständnis der Musik auf Konvention, Gewohnheit und Interpretation. Letztendlich nimmt erst das Ohr des
Hörers die Einteilung in geistlich und weltlich vor und wird oft mit
zusätzlichen Hinweisen inspiriert, Überhörtes wahrzunehmen und
Sinnhaftes im Klingenden zu suchen und zu finden.

**69. Was ist Programm-Musik?** Wenn im Konzert wilde Esel presto über die Klaviatur rasen, Violinen Hühner gackern lassen und ein Schwan sanft über Cellosaiten gleitet, ist das Programm-Musik. Der Komponist Camille Saint-Saëns ließ sich für das Werk *Der Karneval der Tiere* von den Tieren zugesprochenen Charaktereigenschaften inspirieren.

Programm-Musik bezeichnet eine epochen- und gattungsübergreifende, formal unbestimmte Instrumentalmusik, die außermusikalische Gedanken aus Gedichten, persönliche Erlebnisse des Komponisten, Bilder, Natureindrücke, Sagen oder Phänomene der Zeitgeschichte aufgreift und klanglich nachzeichnet. Das im Titel vorgestellte oder nachträglich als Text beigefügte inhaltliche Programm dient den Hörern als Verständnishilfe, soll ihre Gefühle ansprechen und ihre Phantasie in eine bestimmte Richtung lenken. Berühmte Beispiele hierfür sind die Violinkonzerte *Die vier Jahreszeiten* von Antonio Vivaldi und Bedřich Smetanas *Mein Vaterland*, zu dem auch *Die Moldau* gehört.

Immer schon existierte unter Komponisten die Neigung, außermusikalische Erlebnisse akustisch abzubilden und durch beschreibende Titel explizit auf sie hinzuweisen. Neben einer tonmalerischen Darstellung von Naturereignissen – wie etwa der musikalischen Nachahmung von Vogelstimmen bei Josquin des Prez (1440–1521) – war vielen Komponisten an der Umsetzung intimer menschlicher Empfindungen in Musik gelegen. Deutlich wird dies in Beethovens sechster Symphonie, die später den Beinamen *Pastorale* erhielt, an der Satzbezeichnung «Erwachen heiterer Gefühle bei der Ankunft auf dem Lande».

Die Tonsprache der Oper wurde auf den Bereich der Symphonie übertragen. Die Programm-Musik entwickelte sich zum symphonischen Ideenkunstwerk und gewann ab 1830 mit Hector Berlioz' *Symphonie fantastique* und Franz Liszts *Berg-Sinfonie* unter der Gattungsbezeichnung «Symphonische Dichtung» an Bedeutung; weitere herausragende Beispiele für symphonische Dichtungen sind *Hohen-Baden* (1897) von Luise Adolpha Le Beau, *Pelléas et Mélisande* (1905) von Arnold Schönberg, *Die Toteninsel* (1909) von Sergej Rachmaninow und *Pogromes* (1933) von Elsa Barraine. Komponisten wie Richard Strauss (*Also sprach Zarathustra*) und Antonín Dvořák (*Othello*) hatten bei der Umsetzung von Literatur in Instrumentalmusik den Anspruch, durch neue musikalische Ausdrucksformen eine Dichtung in Tönen zu schaffen.

Mitte des 19. Jahrhunderts trat der Programm-Musik die Idee der absoluten Musik gegenüber, deren Verfechter wie Robert Schumann, Johannes Brahms oder Anton Bruckner sich gegen die Ästhetik einer Musik wandten, die das Ohr des Hörers programmiere. Sie forderten eine «reine, absolute Tonkunst», die frei von allen nicht-musikalischen Denkeinflüssen, Ideenvorgaben und Zwecken ganz ihrem Ideal als autonome Kunst verpflichtet sei.

Ob Programm-Musik ihren Rezipienten mehr Assoziationsmöglichkeiten und Hörhilfen bietet oder deren Vorstellungskraft gerade einschränkt und ob sie auch ohne Titel verstanden werden kann, ist objektiv nicht feststellbar, sondern bleibt abhängig vom subjektiven Empfinden.

## 70. Was haben die Messen von Machaut, Mozart und Strawinsky gemeinsam?

Obwohl die Entstehung der Messe von Machaut (1364), der *Krönungsmesse* von Mozart (1779) und der Messe von Strawinsky (1948) Jahrhunderte auseinander liegen, haben sie zwei Dinge gemeinsam: die Worte und die Idee, den liturgischen Text zu einem einheitlichen Kunstwerk zu formen.

Die bemerkenswert kontinuierliche Verarbeitung des liturgischen Textes, dessen Kyrie, Gloria, Credo, Sanctus-Benedictus und Agnus Dei seit mehr als 1500 Jahren gebetet werden – bereits um 325 wurde das Credo formuliert –, bildet das ideengeschichtliche Band zwischen den Zeiten.

Wenn auch einzelne Textteile schon vorher vertont wurden, so gilt doch Machauts *Messe de Notre Dame* als die älteste vierstimmige und als Zyklus komponierte Messe. Sie bildet in ihrer Zeit allerdings noch eine Ausnahme. Erst im 15. Jahrhundert entwickelte sich die Messe zu einer autonomen musikalischen Gattung. Von dieser Zeit an verwendeten verschiedenste Komponisten die Messe als eine Art Schablone, mit der sie ihre individuellen musikalischen Vorstellungen in einer etablierten Form zum Ausdruck bringen konnten. Aufgrund dieser Funktion gibt es Messen seit der Renaissance bis ins 20. Jahrhundert, von Palestrina bis Pärt. Allein die Sonderform der Messe, das Requiem (Totenmesse), wurde über 1800 Mal vertont.

Gleichzeitig sind Messen eine Form der Gebrauchsmusik, da sie seit jeher in den Ablauf des Gottesdienstes eingebunden wurden. Heute gibt es häufig konzertante Aufführungen musikalischer Messen, weil für sie im liturgischen Gebrauch immer seltener Raum ist.

Nachdem die Kirchen kaum mehr Messkompositionen beauftragten, nahm die Bedeutung der Messe als musikalische Gattung ab. Mit herausragenden Messvertonungen von Josef Gabriel Rheinberger (1878), Amy Beach (1892) und Ethel Smyth (1893) im späten 19. Jahrhundert und mit Vertonungen von Leonard Bernstein (1973) oder Arvo Pärt (1990) im 20. Jahrhundert fasziniert die Messe weiterhin als musikalische Ausdrucksform.

**71. War Bach ein Handwerker oder ein Genie?** Eine einfache Antwort auf diese scheinbar simple Frage ist deshalb nicht möglich, weil es sich bei den Bezeichnungen ‹Handwerker› und ‹Genie› gleichermaßen um zeitlich und kulturell bedingte Zuschreibungen handelt, die sich zudem in ihrem Anwendungsbereich überschneiden können und mit Wertungen behaftet sind. Ist ein Genie mehr wert als ein Handwerker? Was verbindet sich mit dem Begriff ‹Genie›?

‹Genie› ist ein Prädikat, das denjenigen zugesprochen wird, die eine in der Gesellschaft als außerordentlich und einzigartig angesehene Arbeit geleistet haben, also vor allem Künstlern (Mozart, Beethoven, Goethe, Picasso) und Wissenschaftlern (Newton, Einstein). In der Ästhetik wird das Genie als intuitiv-origineller Schöpfer herausragender Kulturgüter definiert, ist historisch ausschließlich Männern vorbehalten und bezieht sich im künstlerischen Bereich auf ein herausragendes Schaffen, das im Kern ohne Training oder Ausbildung, sondern vom genialen ‹Götterfunken› im Menschen hervorgebracht wird. So die romantisierte Vorstellung vom Genie.

Eine eindeutige Beantwortung der Frage nach Bachs Genialität wird dadurch erschwert, dass der heutige Geniebegriff im Barock unbekannt war. Bach war im Blick seiner Zeitgenossen ein hervorragender Organist, ein guter Improvisator und ein technisch überragender Komponist, der für die Komplexität seiner Kompositionen bewundert wurde. Folglich müsste man Bach, wenn man ihn den Kriterien der Zeit und seinem Selbstverständnis entsprechend beurteilt, als Kunst-Handwerker bezeichnen, und er selbst hätte diesen Ausdruck vielleicht als Kompliment aufgefasst. Folgt man hingegen der Wertschätzung, die Bach in unserer heutigen Kultur als feste Größe im europäischen Kunstkanon genießt, steht er zweifelsohne in einer Reihe mit anderen ‹Genies› der Musikgeschichte. Bachs Fugen werden nicht mehr nur als perfekt beherrschtes Handwerk, sondern als wunderbare Schöpfungen eines einzigartigen Geistes betrachtet.

Man sieht: Ob Genie oder Handwerker hängt also von den Begriffen ab, die man zur Beschreibung einer künstlerischen Leistung für angemessen hält, von der ästhetischen und historischen Perspektive, aus der man die Lebensleistung einer Persönlichkeit betrachtet. Ob die Zuschreibung ‹genial› die tatsächliche Wertschätzung und Würdigung der Werke selbst befördert, ist eine ganz andere Frage.

**72. Wieso hat eine traditionelle Symphonie vier Sätze, ein Konzert nur drei?** Symphonie und Konzert gehören neben Sonate und Streichquartett zu den wichtigsten Gattungen der Instrumentalmusik. Beide sind in der Regel Orchesterkompositionen und bestehen aus mehreren Sätzen oder Formteilen gegensätzlichen Charakters. Die unterschiedliche Anzahl ihrer Sätze lässt sich anhand der unterschiedlichen musikhistorischen Wurzeln und der jeweiligen Entwicklungsgeschichte erklären.

Die Form der klassischen Symphonie entfaltete sich im 16. und 17. Jahrhundert. Die Sinfonia war als Einleitungsstück in der neapolitanischen *Opera seria* schon dreiteilig (schnell – langsam – schnell) angelegt. Ab etwa 1730 lösten Komponisten wie Johann Christian Bach die Sinfonia erstmals als eigenständiges Konzertstück von der Oper. Später wurde dieser Form an dritter Stelle vor dem Finalsatz vielfach ein Menuett oder ein Scherzo eingefügt. Herausragende Beispiele für die Symphonik des 19. Jahrhunderts stammen von Joseph Haydn, Ludwig van Beethoven, Franz Schubert, Felix Mendelssohn Bartholdy und Peter Iljitsch Tschaikowski. In den letzten Jahren sind aber auch Symphonien von Emilie Mayer und Louise Farrenc in den Blick gerückt, wobei Letztere heute als wichtige Gestalt für die Entwicklung der Symphonik in Frankreich gilt. Erst im 20. Jahrhundert entstand die Kammersymphonie als eine in der Regel einsätzige Teilgattung zwischen Kammermusik und Orchestersymphonie. Beispiele hierfür sind Hanns Eislers *Kammersinfonie für 15 Instrumente* (1940), John Adams' *Chamber Symphony* (1992) oder die Kammersymphonie für 13 Instrumente *Objet diaphane* (1993) von Charlotte Seither.

Das Konzert hat seine Wurzeln im Italien des 16. Jahrhunderts, es entwickelte sich aus der mehrchörigen Vokalmusik. Der Begriff Concerto bezeichnet einen Wettstreit der Stimmen und steht für das kontrastreiche Zusammenwirken gegensätzlicher Klanggruppen wie Chor und Solisten oder Singstimme und Instrument. Aus der Übertragung dieses Concerto-Prinzips auf die rein instrumentalen Gattungen Sonate und Sinfonia entstand Ende des 17. Jahrhunderts das Solokonzert für ein oder mehrere Soloinstrumente und Orchester. Antonio Vivaldi entwickelte schließlich die traditionelle Form des Konzerts, die in einem getragenen Mittelsatz besteht, den zwei schnelle virtuose Ecksätze umrahmen.

Die Gattung des Solokonzerts stellt den Instrumental-Virtuosen in den Vordergrund und ermöglicht es ihr oder ihm, in drei Sätzen (überzeugender Einstieg – ruhiges Intermezzo – furioses Finale) technisches Können und Ausdruckskraft zu präsentieren. Dagegen bietet die traditionelle Symphonie Komponisten vier Sätze lang Zeit und Raum, musikalische Ideen auszubreiten, zu verweben und monumentale Klangwelten aufzubauen. Doch schon bei Mozart hielt die symphonische Anlage des Eröffnungssatzes (Sonatenhauptsatzform) Einzug ins Solokonzert. Viele Komponisten strebten auch eine Verknüpfung beider Formen an. Schumanns *Klavierkonzert a-moll* etwa könnte man als Symphonie mit Klavier bezeichnen, denn der Dialog zwischen Orchester und Solist geht in seiner Dichte weit über die Begriffe von Solo und Begleitung hinaus.

**73. Ist die «Fünfte» mit Recht so berühmt?**   «Tatatataaa!» Selbst Nichteingeweihte dürften mit den monumentalen Anfangstönen von Ludwig van Beethovens Symphonie Nr. 5 in c-moll – kurz die «Fünfte» genannt – zumindest den Namen Beethoven assoziieren. Nur selten schaffen es Werke, zusätzlich zum musikwissenschaftlichen Kanon auch ins kollektive Gedächtnis einer Gesellschaft, also auch der musikalischen Laien, einzugehen. Bei der *Schicksalssymphonie* mit ihrem signifikanten viertönigen Klopfmotiv, das sich in Variationen durch den kompletten ersten Satz zieht, ist dies der Fall. Eine vergleichbare Mischung aus Popularität und Relevanz erzielen vielleicht noch Mozarts *Die Zauberflöte* oder *Eine kleine Nachtmusik*, Vivaldis *Die vier Jahreszeiten* oder einige Stücke aus Bachs *Wohltemperiertem Klavier*. Solche Kompositionen sprengten gattungsspezifische Normen, muteten ihren Hörern bis dahin Ungehörtes zu und übten großen Einfluss auf nachfolgende Musikergenerationen aus. Die Wirkung von Beethovens symphonischem Schaffen auf die nachfolgenden Generationen bis ins 20. Jahrhundert hinein ist enorm.

Dabei sollte man sich aber zwei Dinge vor Augen halten: Zum einen ist Beethovens fünfte Symphonie nur scheinbar gemeinhin bekannt.

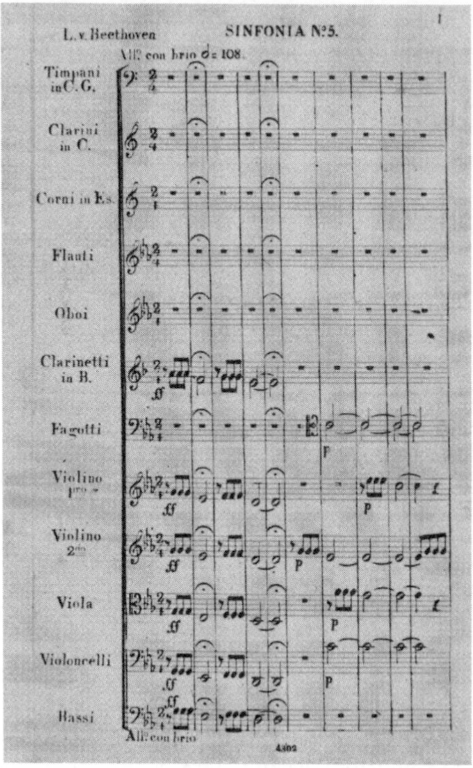

*Abb. 13:* Die fünfte Symphonie in c-moll, op. 67, von Ludwig van Beethoven. Der Kompositionsprozess erstreckte sich über acht Jahre, die Symphonie wurde gemeinsam mit der *Pastorale*, dem Klavierkonzert Nr. 4 G-Dur op. 58, Teilen der Messe C-Dur op. 86 und der *Chorphantasie* am 22. Dezember 1808 im Theater an der Wien uraufgeführt. Die Abbildung zeigt den Beginn des ersten Satzes in der Erstausgabe der Partitur.

Schließlich besteht das ungefähr dreißigminütige Orchesterwerk aus weit mehr als dem plakativen Klopfmotiv, und auch dessen kunstvolle Verarbeitung dürfte für die wenigsten Hörer nachvollziehbar sein. Zum anderen zeigt die Musikwissenschaft seit Ende des vergangenen Jahrhunderts, dass wir von einem relativierenden Kanonbegriff ausgehen müssen. Danach erscheinen Stücke nicht aus sich selbst heraus als Meisterwerke, sondern werden erst von externen Einflüssen wie einem bestimmten Kulturkontext, einer heroisierenden Geschichtsschreibung, Aufführungstraditionen oder einer bewussten Vermarktung in ihren besonderen Rang erhoben.

**74. Wo scheint in der *Mondscheinsonate* der Mond?**  Würde man Ludwig van Beethoven diese Frage stellen, würde er vermutlich zurückfragen, was denn die *Mondscheinsonate* überhaupt sei. Er selber betitelte sein op. 27, Nr. 2 mit *Sonata quasi una fantasia.* Der Name *Mondscheinsonate* geht auf Ludwig Rellstab zurück, einen Musikschriftsteller, der sich wenige Jahre nach dem Tod Beethovens beim Hören des ersten Satzes der Sonate eine Bootsfahrt auf dem Vierwaldstättersee bei Mondschein vorstellte.

Immer wieder wurden Werken nach ihrer Veröffentlichung Titel hinzugefügt, nicht selten ohne Wissen des Komponisten. Dabei sind die Bezüge zwischen dem Beinamen und der Komposition manchmal erklärbar, oftmals aber auch spekulativ. So bezieht sich der Titel *Regentropfen-Prélude,* der dem Prélude op. 28, Nr. 15 von Frédéric Chopin gegeben wurde, auf den regnerischen Tag, an dem das Werk komponiert worden sein soll. Erwiesen ist das nicht, und Chopin hat sich immer gegen programmatische Titel seiner Werke gewehrt.

Beethovens Kompositionen wurden besonders häufig auf einen Beinamen getauft, wie die Titel *Appassionata, Die Wut über den verlornen Groschen, Schicksalssymphonie* oder *Pastorale* zeigen. Die Betitelungen sagen oft mehr über die Namensgeber und ihre Zeit als über die Werke selbst aus.

Kann man den Beinamen *Dissonanzenquartett* für das Streichquartett KV 465 von Mozart dank der ungewöhnlichen Harmonik in der Einleitung durchaus nachvollziehen, so gibt es bei den sechs Streichquartetten op. 20 von Haydn keine direkte Verbindung zwischen der Musik und dem hinzugefügten Titel, denn der Name *Sonnenquartette* geht darauf zurück, dass auf dem Deckblatt des Erstdruckes eine Sonne abgebildet war. So simpel kann die Geschichte einer Namensgebung sein.

**75. Haben sich Komponisten füreinander eingesetzt und voneinander gelernt?**  Wenn man nach einem adäquaten Bild für die Musikgeschichte Europas sucht, so bietet sich das Bild eines dichtmaschigen Gewebes an. Denn die Vorstellung einzelner isolierter Genies, ohne kulturelles Umfeld und gegenseitige Bezugnahmen, ist mehr der stereotypen Personalisierung in Medien und Geschichtsschreibung geschuldet als der historischen Realität. Musikgeschichte ist ein komplexes Gebilde, und eine Möglichkeit, dieses Gebilde zu verstehen, ist, den Freundschaftsfäden zu folgen, die sie durchziehen.

Josquin Desprez (circa 1450–1521) zum Beispiel, einer der bedeutendsten Komponisten der Musikgeschichte, verehrte den Komponisten Johannes Ockeghem (circa 1420–1497), der die Kunst des Kontrapunkts auf zuvor ungeahnte Höhen geführt und der Musik zugleich eine starke Expressivität verliehen hatte. Josquin komponierte als musikalische Verneigung vor Ockeghem zu dessen Tod eine Motette, in die als Hauptthema der gregorianische Gesang des *Requiem aeternam* hineingewoben ist – geschrieben in schwarzen Noten. Bach hat Vivaldi geschätzt, Brahms von Dvořák gesagt, aus seinen melodischen Abfällen könnten andere ganze Symphonien zaubern – und er setzte sich dafür ein, dass Dvořáks Werke in Wien verlegt wurden. Die Freundschaft zwischen Johann Christian Bach und Wolfgang Amadeus Mozart ist geradezu sprichwörtlich, Fanny Hensel und ihr Bruder Felix Mendelssohn Bartholdy haben Kompositionen wie Briefe gewechselt und aufeinander Bezug genommen. Mahler und Brahms sind für Schönberg verehrte Vorbilder und Anknüpfungspunkte, während Claude Debussy für seinen unbekannteren Zeitgenossen Paul Dukas (1865–1935) wiederholt publizistisch eingetreten ist und besonders dessen fabelhafte *Sonate es-moll* mehrfach zum Hören und Spielen empfohlen hat.

Das musikalische Netzwerk spannt sich kreuz und quer durch die Musikgeschichte. Zu allen Zeiten sind Komponistinnen und Komponisten nicht nur über Lehrverhältnisse untereinander verbunden, sondern über die Fragen, die sie an sich selbst, ihre Gegenwart und die Geschichte richten. So waren für Pierre Boulez und Nadia Boulanger die Komponisten des 14. Jahrhunderts in ihrem Lehrprogramm für angehende Komponistinnen und Komponisten ebenso bedeutsam wie Arnold Schönberg und Anton von Webern. Luigi Nono hat sich für die Musik von Bruno Maderna eingesetzt, kompositorisch an die Musik des 15. Jahrhunderts angeknüpft und von Gian Francesco Malipiero, Arnold Schönberg und Anton von Webern gelernt. György Ligeti hat seine ganze Berühmtheit für die Musik von Harry Partch in die Waagschale geworfen und sich von den Komponisten der *Ars subtilior* aus dem späten 14. Jahrhundert inspirieren lassen so wie die Komponistin Isabel Mundry in ihrer Komposition *Spiegel Bilder* (1996) für Klarinette und Akkordeon auf Chansons von Guillaume Du Fay aus dem 15. Jahrhundert zurückgreift. Die Komponistin Unsuk Chin wiederum wurde von ihrem Lehrer György Ligeti zu ihrem eigenen Stil geführt. John Adams hat sich besonders für das Werk von Charles Ives eingesetzt und Ives-Lieder für Orchester arrangiert, während er mit seinem Stück *Eros Piano* kompositorisch auf Toru Takemitsus Stück *Riverrun* antwortet. Luciano Berio hat in seiner *Sinfonia* (1968) nicht nur seiner Verehrung für zahlreiche Komponisten der Musikgeschichte Ausdruck verliehen, sondern mit diesem Klassiker der Gegenwartsmusik gezeigt, dass Musikgeschichte keine eindimensionale Chronik, sondern ein dichtes Gewebe aus Kommunikation und Reflexion ist.

**76. Sind Nationalhymnen Kunst?** Diese Frage lässt sich eindeutig mit Ja beantworten. Zwar sind viele Nationalhymnen von uns nicht bekannten Komponisten geschaffen und entspringen volkstümlichen Melodien oder anonym überlieferten Hymnen der unterschiedlichsten Kontexte. Doch die Tradierung musikalischen Materials, das verschiedene Epochen und Zeiten überdauert hat, zeugt von hoher Kunstfertigkeit. Als älteste Nationalhymne der Welt gilt die japanische Hymne *Kimi Ga Yo* aus dem 12. Jahrhundert.

Manche Nationalhymnen wurden speziell für den staatlichen Anlass gedichtet und komponiert, viele Nationalhymnen sind aber aus anderen Musikstücken – Volksmusik oder bereits komponierter Kunstmusik – hervorgegangen. Die englische Hymne *God save the King/Queen* übernahm ihre Melodie von der ehemaligen Kaiserhymne *Heil dir im Siegerkranz* des Deutschen Kaiserreiches. Die österreichische sogenannte «Bundeshymne» hat einen Text der Dichterin Paula Preradovic (1887–1951) und eine Melodie von Wolfgang Amadeus Mozart, die der *Kleinen Freimaurer-Kantate* von 1791 entnommen worden ist. Die heutige deutsche Hymne entstand aus dem langsamen Satz des *Streichquartetts Nr. 62 C-Dur* von Joseph Haydn.

Auch die finnische Hymne hat eine nationenübergreifende Geschichte: Ihr Text entstammt aus der Gedichtsammlung *Die Erzählungen des Fähnrich Stal* (1847), dem Hauptwerk des finnischen Dichters Johan Ludvig Runeberg, während der in Finnland tätige deutsche Komponist Fredrik Pacius (1809–1891) die Melodie erfand. 1848 wurde die Hymne im Rahmen einer studentischen Veranstaltung zum ersten Mal in dieser Form gesungen. Seit 1917 und wieder seit 1990 ist die Melodie auch die musikalische Basis der Nationalhymne Estlands. Die Herkunft der europäischen Hymne *Freude schöner Götterfunken* braucht an dieser Stelle sicherlich nicht erklärt zu werden. Viele Länder haben sogenannte heimliche Nationalhymnen: In England ist es das Marinelied *Rule Britannia*, in Österreich der *Radetzky-Marsch* oder *An der schönen blauen Donau* und in Italien der Gefangenenchor «Va pensiero, sull'ali dorate» aus der Oper *Nabucco* von Verdi. Und wenn man im angelsächsischen Bereich Musikfreunde befragt, so halten manche *Ein feste Burg ist unser Gott* für Deutschlands heimliche Nationalhymne, immer noch.

Weitere Musikstücke könnten als heimliche Nationalhymnen bezeichnet werden. Die Wurzeln vieler Hymnen, wie etwa die der französischen *Marseillaise*, der italienischen *Fratelli d'Italia* oder der amerikanischen *The Star-Spangled Banner*, die dem militärischen Bereich entstammen, sind in der sogenannten Zeit des «Völkerfrühlings» des 19. Jahrhunderts zu suchen. Eben zu dieser Zeit gab es aber auch Komponisten, die als Schöpfer von «Nationalmusik» betitelt wurden. Sibelius' *Finlandia* und Smetanas *Ma Vlast* (Mein Vaterland) sind Werke, die den Charakter und die Geschichte eines Landes so deutlich fassen, dass sie mit der Mischung aus Liebeserklärung und Patriotismus in ihren Heimatländern quasi den Status von Nationalhymnen haben.

**77. Gehört Volksmusik zur klassischen Musik?** Ein Volkslied zeichnet sich durch seine Popularität, seine mündliche Überlieferung, eine weite Verbreitung und oft auch durch die Anonymität des Autors aus. Instrumentale Volksmusik ist vielfach an Tanzbewegungen gebunden und wird auf traditionellen Instrumenten wie der Drehleier, Gitarre, Hackbrett, Bajan, Zither oder der Sackpfeife, die nicht nur die schottische traditionelle Musik prägt, gespielt.

Mit Volksmusik verbindet mancher vielleicht auch Fernsehshows, in denen volkstümliche Popmusik kommerziell zelebriert wird. Diese marktorientierte Musik, die seit den 1970er Jahren durch professionelle Musiker und Sänger populär gemacht wurde, hat mit Volksmusik im eigentlichen Sinne nichts gemein. Ob Volksmusik im ursprünglichen Verständnis heute überhaupt noch entstehen kann, ist fraglich, denn schon der Begriff «Volk» impliziert eine kulturell homogene ethnische Gemeinschaft, die es mittlerweile, zumindest in Europa, kaum noch gibt.

Die Volksmusik nahm jedoch in früheren Zeiten erheblichen Einfluss auf die klassische Musik. Zahlreich sind die Beispiele für Komponisten, die Melodien oder Rhythmen ihrer Heimatkultur in ihre Werke einfließen ließen: Jan P. Sweelinck oder Samuel Scheidt komponierten Variationszyklen über Volkslieder *(Ach, du feiner Reiter)*, das Quodlibet aus Bachs *Goldberg-Variationen* beruht auf «Kraut und Rüben haben mich vertrieben», Gustav Mahlers erste Symphonie bezieht sich auf «Bruder Jakob» und Darius Milhauds Cinéma-Phantasie *Le bœuf sur le toit* auf südamerikanische Volksmusik. Bei den Komponisten Béla Bartók und Zoltán Kodály basiert das Gesamtwerk auf eigenen musikethnologischen Entdeckungen im Heimatland, während in den Werken von Antonin Dvořák, Bedřich Smetana und Bohuslav Martinů, aber auch von russischen Komponisten wie Dmitri Schostakowitsch und Sergej Prokofjew die Sprache der slawischen Volksmusik deutlich herauszuhören ist.

Seit jeher also hat die Komponisten die Einfachheit und Ursprünglichkeit der Volksmusik fasziniert, aber auch ihre Farbigkeit und manchmal ihr exotischer Reiz. Bei Komponisten, die entweder ins Exil gezwungen wurden oder ihr Geburtsland freiwillig verlassen haben, hat der Rückgriff auf die Musik der Heimat zusätzlich emotionale und biographische Gründe. Wenn Volksmusik auch in ihrem Charakter und als Genre nicht Teil der klassischen Musik ist, ist sie doch eine unerschöpfliche Inspirationsquelle.

### 78. Was unterscheidet E- von U-Musik?

Kaum eine Frage in der Musik wird so emotional diskutiert wie die, was Ernste Musik und Unterhaltungsmusik voneinander unterscheide, denn meistens schwingt dabei ein Werturteil mit. Es fällt den Anhängern der verschiedenen Lager leicht, die Musik der anderen mit abwertenden Begriffen zu versehen (die einen halten Pop und Schlager generell für trivial, die anderen bezeichnen Symphonie und Oper als elitär und anstrengend). Doch oft wird vergessen, dass die Bezeichnungen E und U erst den Kategorien eines bürgerlichen Musikverständnisses erwachsen sind.

So ist zum Beispiel das Adjektiv «ernst» zur Bezeichnung von Musik als Kunstmusik erst im späten 19. Jahrhundert etabliert worden. Ein Blick auf die Programme der «Großen Konzerte» des frühen 19. Jahrhunderts zeigt, dass es im Gegensatz zu heute damals durchaus üblich war, dem bunten Wechsel von Symphoniesatz, Klavierimprovisation und Opernarie entweder gefesselt zuzuhören oder aber währenddessen in angeregte Konversation abzuschweifen. Das Publikum war so gemischt wie das Programm selbst, und erst mit dem Aufkommen des Bildungsbürgertums wurde das «ernsthafte

Zuhören» zur Verhaltens- und Aufführungsnorm, denn die Musik sollte nunmehr um ihrer selbst willen erklingen. Die Kategorisierung der Musik nach E und U wurde dann zu Beginn des 20. Jahrhunderts, maßgeblich durch das Entstehen einer am Massengeschmack orientierten Musikindustrie und einer Professionalisierung der Rechte von Komponistinnen und Komponisten durch die GEMA (Gesellschaft für musikalische Aufführungsrechte), in der die Kategorien «E» und «U» formaljuristisch etabliert sind, weiter verstärkt.

Obwohl also historisch die Spaltung zwischen «ernster» und «unterhaltender» Musik relativ jung ist, wurde auch schon im 17. oder 18. Jahrhundert zwischen «hoher» und «niedriger» Musik unterschieden. Die Trennung fiel als Ausdruck der gesellschaftlichen Hierarchien eher noch extremer aus, wenn zum Beispiel die Ballettmusik eines Jean-Baptiste Lully ausschließlich dem Adel am Hofe König Ludwigs XIV. vorbehalten war und Angehörige eines niedrigeren Standes von dieser Musik schlichtweg ausgeschlossen wurden.

Dagegen scheint unser heutiges modernes Musikverständnis offen und demokratisch. Mit der Technologisierung von Musik steht allen der freie Zugang zu jeder Art von Musik offen. Mit den Weiterentwicklungen im Bereich von Datenspeicherung und Tonaufzeichnung ist Musik heute in großer Bandbreite und Zahl verfügbar. Zugleich ist die Formel «ernste Musik» ein Werbeslogan der modernen kommerziellen Musikwirtschaft, wie sie sich zu Beginn des 20. Jahrhunderts vollends durchsetzte. Mit ihr sollte die klassische Musik an eine bestimmte Zielgruppe gebunden und effizient vermarktet werden: Wer «ernste Musik» kauft und hört, gehört symbolisch «dazu», wie der Soziologe Pierre Bourdieu feststellte.

Und obwohl die Musikwissenschaft heute versucht, diese ideologische Betrachtungsweise von Musik aufzuheben und Offenheit gegenüber jeder Art von Musik zu üben, zeigen Untersuchungen der Musiksoziologie, dass die alten Worthülsen «ernst» und «unterhaltend» sich hartnäckiger in der Gesellschaft halten, als wir annehmen wollen. Denn immer noch wird Musik als Ausdruck des gesellschaftlichen Status verstanden (und genutzt), wie der Unterschied zwischen dem Publikum eines klassischen Symphoniekonzertes und den Zuschauern der «Hitparade der Volksmusik» sicherlich belegt.

**79. Haben Rock und Pop von klassischer Musik profitiert?** Der stilistische Unterschied zwischen David Bowies Album *Outside* und Johann Sebastian Bachs *h-moll-Messe* lässt sicherlich nicht unmittelbar vermuten, dass es zahlreiche Schnittstellen zwischen klassischer Musik und Pop gibt. Nichtsdestotrotz steht die populäre Musik, wie wir sie heute kennen, auch in einer klassischen Tradition, die sich in verschiedenen Aspekten wie ihrem Ton- und Akkordvorrat, der Phrasenbildung und den harmonischen Konzepten erkennen lässt.

Gleiches gilt für die Rockmusik, die mit ihren zahlreichen Untergruppierungen und Nischen in dem halben Jahrhundert ihrer Existenz eine beeindruckende Offenheit für stilistische Elemente aller Art gezeigt und somit eine Formenvielfalt ohnegleichen hervorgebracht hat. Immer wieder lassen sich für Kompositionstechniken der Rockmusik klassische Vorbilder ausmachen: Ein von *Gentle Giant* geschriebener Kontrapunkt ist ohne das alte Original sicherlich nicht denkbar, und atonale Klanglandschaften wie bei *Tangerine Dreams* Album *Zeit* sind in der Neuen Musik nahezu selbstverständlich. Verschiedene klassische Ausdrucksformen finden immer wieder Eingang in unterschiedlichste Werke der Pop- und Rockmusik: Kompositionen der *Doors* erinnern mitunter an Kunstlieder und Songs à la Weill; Opernhaftes und Symphonisches findet man beispielsweise bei *Queen*, Nina Hagen und Björk.

In den 1960er Jahren entstand der Ansatz, klassische Musik mit dem Rock-Instrumentarium zu interpretieren. Gruppen wie *The Nice*, *Ekseption* und *Emerson, Lake and Palmer* verhalfen dem Adaptionsrock zu seiner Blüte. Mit *Pictures at an exhibition* (*Bilder einer Ausstellung*) der letztgenannten Gruppe werden bis heute Schüler an klassische Musik herangeführt.

Im Rock-Bereich hat sich vor geraumer Zeit eine künstlerische Avantgarde gebildet, die sich gegen sogenannte ernste oder experimentelle Musik oder die Avantgarde des Jazz nur schwer abgrenzen lässt: Man denke etwa an Scott Walkers *And Who Shall Go To The Ball? And What Shall Go To The Ball?* oder die «Rock in Opposition»-Bewegung mit Bands wie *Present* oder *Art Zoyd*. Die Entwicklung der diversen elektronischen Stilrichtungen wäre ohne die vitalen Impulse aus der elektronischen Klassik vermutlich nicht möglich gewesen. Außerdem bedient sich die Rock- und Popmusik auch immer wieder aus dem breiten Fundus der Melodien, die uns die klassischen Komponisten hinterlassen haben. So gehört es mittlerweile zur gängigen

Praxis, dass bekannte klassische Melodien unter Pop-Refrains gelegt werden oder gesampelte Motive die Grundlage eines Rap- oder Hip-Hop-Stückes bilden. Eine besondere Form dieser Auseinandersetzung mit dem klassischen Erbe ist sicherlich die Instrumental-Suite *The Fall of the House of Usher* von Alan Parsons *Tales of Mystery and Imagination – Edgar Allan Poe,* bei der das gleichnamige Opernfragment Debussys durch eine Rock-Band ergänzt wird. Eine noch nähere Verwandtschaft zur Klassik als Rock und Pop weist der Jazz auf, der es allein schon durch seine harmonische, rhythmische und melodische Komplexität mit der klassischen Musik aufnimmt. So verwundert es nicht, dass zum Beispiel Olivier Messiaen mit der Entwicklung von Modi, die eine neuartige harmonische und melodische Klangsprache erlauben, dem Jazz neue Impulse geben konnte und wiederum Bohuslav Martinů eine Jazz-Suite (1928) komponierte. Als Jahrhundertkomposition zwischen Jazz und Klassik wird in der Literatur immer wieder die Suite *Escalator over the hill* (1972) der Jazz-Pianistin Carla Bley herausgestellt.

Auch wenn der Einfluss der klassischen Musik auf unsere populäre Musik sicherlich nicht hoch genug eingeschätzt werden kann, sollte nicht unerwähnt bleiben, dass im Umkehrschluss die heutige Neue Musik sich Rock und Pop immer weiter öffnet: Rhythmen aus House und Rock können den Zuhörern in einer zeitgenössischen Oper durchaus begegnen, außerdem haben Hammondorgel, Drumset und E-Gitarre Einzug in das klassische Instrumentarium gehalten, hörbar beispielsweise bei Olga Neuwirths *Lost Highway* oder *Bählamms Fest.*

# Instrumente, Orchester und Chor

**80. Wieso gibt die Oboe den Ton an?** In einem Orchester herrschen hierarchische Strukturen, die sich ausgehend vom Dirigenten über den Konzertmeister, die Stimmführer und Solospieler bis zu den Tuttispielern erstrecken. Dem ersten Oboisten fällt zu Beginn eines Konzertes vor dem Auftreten des Dirigenten eine besonders wichtige Rolle zu: Er oder sie gibt die genaue Tonhöhe des für alle Spieler verbindlichen Kammertons a' an. Dieser wird vom Konzertmeister übernommen, der ihn, nachdem die übrigen Bläser gestimmt haben, an die Streicher weitergibt. Dieser Vorgang sollte so schnell wie möglich ablaufen, um die Konzentration und die Erwartung auf das bevorstehende Konzert nicht zu stören.

Aufgrund bestimmter Konstruktionsmerkmale des sogenannten Doppelrohrblatt-Instruments ist die Oboe besonders geeignet, den Kammerton anzugeben. Im Vergleich zu Streichinstrumenten ist die Intonation, also die Stabilität der Tonhöhe, weitgehend unempfindlich gegenüber äußeren Faktoren wie Temperatur und Luftfeuchtigkeit. Außerdem erleichtert die Oboe die verlässliche Einstimmung aller Instrumente auf den Kammerton durch ihren besonders klaren Ton.

**81. Warum ist die Gitarre kein Orchesterinstrument?** Die akustische Gitarre und die E-Gitarre gehören heute zu den beliebtesten Musikinstrumenten überhaupt und sind in fast allen Musikrichtungen vertreten. Im 18. Jahrhundert, also zu dem Zeitpunkt, als sich das Symphonieorchester zu formieren begann, war die Gitarre in der professionellen Musikszene jedoch kaum präsent.

Das lag zum einen daran, dass Gitarren selten auf klanglich hohem Niveau gebaut wurden: Es handelte sich meist entweder um aufwendig gestaltete Liebhaberinstrumente, also reine Ziergegenstände, oder um mit Darmsaiten bespannte Holzkästen, die in der volkstümlichen Musik eingesetzt wurden. Die klassische Konzertgitarre, wie wir sie heute kennen, ist erst ein Produkt des späten 19. Jahrhunderts. Ihre früheren Formen hätten zum Beispiel an die Qualität einer guten Geige nicht herangereicht.

Die Gitarre war nicht zuletzt aufgrund ihrer kostengünstigen Herstellungsweise in erster Linie ein Instrument für das einfache Volk,

für Dilettanten, und wurde von diesen vor allem als Akkordbeglei-
tung von Gesang oder Tanz eingesetzt. Daher fehlten herausragende
Virtuosen mit ausgefeilter Spieltechnik. Im 18. Jahrhundert wurde
das Gitarrenspiel jenseits des Dilettantismus nur sehr selten, etwa an
einigen Höfen Italiens, Spaniens und Frankreichs, gepflegt. Dies war
der Fall, wenn etwa, wie am französischen Hof unter Ludwig XIV., ein
hoher Adeliger oder sogar der König selbst Gitarre spielte und sich
den Luxus eines oder mehrerer Hofgitarristen leistete.

War das Ansehen der Gitarre also ohnehin schon aus sozialen sowie bau- und spieltechnischen Gründen eher gering, so kommt im
Vergleich mit anderen Instrumenten noch ein weiterer eklatanter
Nachteil der Gitarre hinzu: die geringe Lautstärke, die es nicht nur
erschwert, große Räume und Hallen zu füllen, sondern die Gitarre in
größeren Ensembles oder im Zusammenspiel mit Orchestern kaum
durchdringen lässt. Gleichwohl wird die Gitarre bisweilen auch mit
Orchester eingesetzt, vorwiegend als Soloinstrument. Schöne Beispiele
dafür sind das *Concierto de Aranjuez* von Joaquin Rodrigo (1901–1999)
und das lange Zeit verschollen geglaubte und erst kürzlich im Archiv
von Radio France wiederentdeckte fünfsätzige Konzert für zwei Gitarren und Orchester von Germaine Tailleferre (1892–1983).

**82. Was unterscheidet ein Cembalo von einem Klavier und eine
Barockgeige von einer «richtigen» Geige?**   Das Cembalo und das
Klavier sind Tasteninstrumente, die sich jedoch in der Tonerzeugung
unterscheiden: Die Saiten des Cembalos werden von kleinen Plek-
tren, sogenannten Kielen, gezupft, während bei einem Klavier ein
Hammer auf die Saite schlägt. Während bereits zu Beginn des 16. Jahrhunderts in Italien Cembali gebaut wurden, stellte Cristofori den
ersten Hammerflügel erst um 1720 in Florenz der Öffentlichkeit vor,
dem er den Namen «gravicembalo con piano e forte» gab. Daraus bildete sich die Form «pianoforte», die als Name für das Klavier im
18. Jahrhundert gebräuchlich wurde. Damit wird ein weiterer Unterschied deutlich: Obwohl auch beim Cembalo durch die Artikulation
der Finger sowie die Zuschaltung von Manualen eine gewisse Form
der Lautstärkeregulierung möglich war, erlaubte nun das Klavier eine
stufenlose Dynamik, was als großer Vorteil empfunden wurde. Die Begriffe «Klavier» und «Pianoforte» galten außerdem für die Form des
Instruments, die wir heute als «Flügel» kennen; die kleinere, heute als
«Klavier» bezeichnete Variante, hieß damals «Pianino».

Wie auch die Cembali wurden die Klaviere im 18. Jahrhundert in Handarbeit hergestellt. So kam es, dass sie sich in Bauweise und Klang stark unterschieden. Außerdem wurde die Konstruktion des Klaviers beständig überarbeitet. Mit dem Wunsch, das Klangvolumen zu vergrößern und die Stimmung beständiger zu machen, integrierte man einen Metallrahmen, die Hämmer wurden schwerer, die Saiten dicker. Das Instrument erhielt außerdem mehrere Saiten pro Taste sowie Pedale. Der Tastenumfang beträgt seit 1860 etwa sieben Oktaven. So entstand Mitte des 19. Jahrhunderts der Konzertflügel, wie wir ihn heute kennen. Zahlreiche Klavierbaufirmen wurden gegründet, vor allem in Berlin (C. Bechstein), Leipzig (Blüthner), Braunschweig (Steinweg, heute Grotrian-Steinweg und Steinway & Sons in den USA) und Wien (Bösendorfer). Die Klaviere wurden nun in Massenproduktion gefertigt, um die steigende Nachfrage befriedigen zu können.

Die Entwicklung des Klaviers gibt ebenfalls Einblicke in die musikalische Praxis der Zeit. So war das Cembalo in der Musik des 17. und 18. Jahrhunderts unentbehrlich; es lieferte als sogenannter «Basso continuo» nicht nur die Basstöne, sondern das harmonische (akkordische) Fundament für eine Komposition. Es hatte damit seine Heimat im Orchester und gehörte zur Standardbesetzung für Konzerte und Symphonien der Zeit. Als das Klavier im Laufe des 18. Jahrhunderts an Größe und Klangvolumen zunahm, wurde es ein dem Orchester ebenbürtiger Partner, wie erstmalig Mozarts Klavierkonzerte beweisen. Im Zuge der Entwicklung einer bürgerlichen Musikkultur im 19. Jahrhundert avancierte das Klavier zum bedeutendsten Soloinstrument im Konzertsaal sowie in der Hausmusikpraxis.

Nachdem das Cembalo damit von der Bildfläche verschwunden war, wurde es nach 80 Jahren Pause ab 1889 wieder gebaut. Dies ging mit dem zunehmenden Interesse für die Rekonstruktion des Originalklangs Alter Musik (besonders von Barockmusik) einher. Diese Bemühungen legten die Basis für die Entwicklung der sogenannten historischen Aufführungspraxis in den 1960er und 1970er Jahren, die bis heute fortbesteht.

Damit wurde auch die Barockgeige wiederentdeckt. Diese unterscheidet sich zwar von einer «modernen» Geige, besteht jedoch nach wie vor aus einem Resonanzkörper plus Hals und Wirbelhalterung, denn die Bauweise, die die italienischen Geigenbauer in Cremona und Brescia im 16. Jahrhundert entwickelten, ist im Grunde bis heute dieselbe geblieben. Im Gegensatz zum Klavier wird eine Geige weiterhin in Handarbeit hergestellt, und die jahrhundertealten Modelle aus dem Hause Amati und Stradivari liegen bei heutigen Solisten nach wie vor hoch im Kurs. Die Barockgeige besitzt jedoch eine leichtere Innenkonstruktion; der Hals verläuft in einem flacheren Winkel und der Steg ist graziler. Auch der barocke Bogen ist leichter und kürzer und ermöglicht somit sehr feine, differenzierte Artikulationen. Bis ins 20. Jahrhundert benutzte man Darm- statt Stahldrahtsaiten, was der Geige einen weicheren, obertonreicheren Klang verlieh. Außerdem verwendeten die Violinspieler lange Zeit weder Kinn- noch Schulterstütze. Die von heutigen Solisten verwendeten Stradivaris befinden sich allerdings meist nicht mehr im Originalzustand: Im 19. Jahrhundert wurden der Korpus verstärkt, der Winkel des Halses stärker geneigt und die Saitenspannung erhöht, um eine größere Lautstärke zu erzielen. Der Gewinn an mehr Volumen hatte aber gleichzeitig eine Verminderung des Obertonspektrums zur Folge. Die heutige Rückbesinnung auf das Spielen von Originalinstrumenten oder entsprechenden Instrumentenkopien dient also dazu, die große Palette an Klangfarben wieder zu entdecken, welche die Barockmusik bereit hält.

Ein weiterer wesentlicher Unterschied zwischen einer barocken und einer modernen Geige besteht in der Spielpraxis, das heißt in der Bogen- und Grifftechnik, in der Artikulation, im Vibratogebrauch und im Repertoire, dem man sich widmet.

### 83. Warum kostet eine Geige von Stradivari 1 000 000 Euro? Auf einem alten Dachboden auf dem Lande wird ein fleckiger, verstaubter Kasten entdeckt. In ihm liegt eine Geige, erschaffen von Stradivari. Irgendjemand ist Millionär geworden. Ein Traum, der heute nur selten wahr wird.

Antonio Stradivari (um 1644–1737) verbrachte die größte Zeit seines Lebens in Cremona, das bis in die Mitte des 18. Jahrhunderts als Zentrum des Geigenbaus schlechthin galt – Amatis, Guarneris und eben Stradivaris Wirken machte die Stadt über die Grenzen Italiens hinweg bekannt. In ihren Werkstätten entstanden die vielleicht klangvollsten, jedenfalls begehrtesten Geigen (aber auch Bratschen und Celli) der Welt.

Stradivaris Instrumente erzielen seit jeher horrende Preise; im Jahre 2006 wurde eine der von ihm gebauten Geigen für über 2,7 Millionen Euro versteigert. Und auch wenn viele Käufer heutzutage vor allem den Namen bezahlen, zeugen zahlreiche Aufnahmen von der herausragenden Qualität der Stradivaris. In Beschreibungen oder Kritiken von Konzerten wird immer wieder der warme, brillante oder gar goldene Klang hervorgehoben. Was aber macht die besondere Faszination dieses Klanges aus?

Das Phänomen des außerordentlichen Klanges wird von zahlreichen Mutmaßungen begleitet. Die Begründungen reichen von der Weite des Frequenzbereichs, in dem diese Instrumente besonders gut klingen, über die Klangverwandtschaft mit der menschlichen Stimme bis hin zu geheimen Lackrezepturen, dem handwerklichen Geschick Stradivaris oder einer Mischung aller dieser Komponenten – keine der Theorien konnte bis heute zweifelsfrei bewiesen werden.

Bei einem Blind-Hörtest mit vier Geigen (darunter eine Stradivari) stellte sich jedoch heraus, dass nicht alle Probanden die Stradivari als das sie am meisten emotional bewegende Instrument nannten. Warum bezahlen also ein Sammler, eine Stiftung oder eine Musikerin heute 1 000 000 Euro, um ein solches Instrument zu erwerben? Natürlich für ein überdurchschnittliches Instrument, aber auch für ein begrenztes Gut (Gold und Stradivaris teilen den Status des für alle Zeiten begrenzten Guts), für einen Namen und einen Mythos mit hohem Marktwert.

### 84. Warum ist die Orgel die «Königin der Instrumente»? «Gehst du an einer Kirche vorbei und hörst Orgel darin spielen, so gehe hinein und höre zu. Wird es dir gar so wohl, dich selbst auf die Orgelbank setzen zu dürfen, so versuche deine kleinen Finger und staune vor dieser Allgewalt der Musik.» Aus diesen Worten Robert Schumanns spricht Bewunderung und Respekt gegenüber einem der ältesten Instrumente der Musikgeschichte. Der «gesellschaftliche Aufstieg» aus den Arenen und Theatern der Antike begann für die Orgel mit ihrer Aufnahme in die christliche Kirche. Im Zeitalter der Gotik erreichten deren Bauten für die bisherige Kirchenmusik problematische Dimensionen, die nach einem mächtigen und klangvollen Instrument verlangten. Zudem waren die für unsere Begriffe einfachen ersten Orgeln wie geschaffen für die langgezogenen Pfundnoten der mehrstimmigen Organa, da es auf ihnen möglich war, Töne unbegrenzt lange erklingen zu lassen. Ab dem 14. Jahrhundert etablierte sich die Orgel in ganz Europa und nahm in Grundzügen die heutige Form an, im

*Abb. 14:* Die Heilige Cäcilia, Schutzpatronin der Musik, Musiker, Instrumentenbauer, Sänger, Orgelbauer, Organisten und Dichter. Die Cäcilienlegende gehört zu den ergreifendsten Dichtungen des christlichen Altertums, die historische Figur ist nachgewiesen. Die römische Christin Cäcilia (um 200–230) gründete als frühe Christin eine Kirche im römischen Stadtteil Trastevere, die nach ihrem Tod schon früh Santa Cecilia genannt wurde. Auf vielen Darstellungen wird Cäcilia mit Orgel abgebildet, es gibt aber auch Darstellungen, auf denen sie Klavier oder Laute spielt. Dieses undatierte Ölgemälde stammt von Jacques Stella (1596–1657) und kann heute in Paris im Louvre bewundert werden.

17. und 18. Jahrhundert wurde sie vollends fester und unersetzlicher Bestandteil des Gottesdienstes. Nun übertrafen die festlichen Orgelprospekte mancher Kirchen in ihrer Pracht bisweilen sogar den Altar im Chorraum. Orgelbauer, allen voran Künstler wie Arp Schnitger und die Brüder Silbermann, schufen klangliche Möglichkeiten, die an Farbigkeit, dynamischer Spannweite und Tonumfang kein anderes Instrument für sich beanspruchen konnte. Der Nimbus eines Instruments im geheiligten Raum der Kirche, untermalt von der Legende, die Heilige Cäcilia habe die Orgel erfunden, um den Gesang der Engel nachzuahmen, trug zum Ruhm des Instruments bei. Vor diesem Hintergrund konnte Mozart, lange vor Schumann, die Orgel begeistert zur Königin der Instrumente erklären (damals sprach er allerdings vom «König»). Seine Umgebung verwunderte er damit, denn die hielt das Klavier für das führende Instrument. Im 19. Jahrhundert strebte die Orgel den großen symphonischen Klang an. Damit sollte sie das Orchester nicht imitieren, ihm aber in Klangfülle und Variabilität gleichkommen. Ob heute noch die Orgel die «Königin» ist, muss jede Hörerin, jeder Hörer selbst entscheiden. Was die Präsenz im öffentlichen Leben und das Prestige anbelangt, steht heute wohl das Klavier zumindest gleichauf mit der Orgel.

Ein Vorteil kann der Orgel allerdings nicht genommen werden: Wie kein anderes Instrument ist sie mit dem Raum, der sie umgibt, verbunden. Sie reagiert zu ihrer klanglichen Entfaltung auf die Akustik des Gebäudes und bildet mit ihm eine Einheit. Ein gotischer Dom oder eine kleine Kapelle, aber auch ein großer Konzertsaal bilden den Resonanzkörper der Orgel. Mit der Verschmelzung von Klang und Architektur berührt die Orgel noch heute die Sinne ihrer Zuhörer.

**85. Warum gibt es so viele Bratscherwitze?** Wer einem klassischen Symphonieorchester lauscht, der wird zunächst die sogenannten Außenstimmen wahrnehmen: Violinen, Oboen, Flöten, Trompeten oder auch die Kontrabässe, Violoncelli oder Fagotte. Andere Instrumente wie Hörner, Posaunen oder Bratschen können zwar, wie alle Orchesterinstrumente, auch solistische Partien übernehmen, im vollen Ensembleklang spielen sie aber in der Mittellage. Manchmal bezeichnet man sie, leicht missverständlich, als «Füllstimmen», obwohl sie für den Gesamtklang ebenso wichtig sind wie alle anderen Stimmen. Dies gilt auch innerhalb der einzelnen sogenannten Registergruppen: Ein Ensemble der Holzbläser, das in der Oberstimme von

Flöten oder Oboen dominiert und in der Tiefe von den Fagotten getragen wird, erhält seine Abrundung erst durch die in der mittleren Lage spielenden Klarinetten; entsprechend verhält es sich mit den Hörnern zwischen den Trompeten und den Posaunen oder den Bratschen zwischen den Violinen und den Celli.

Ob es sich um ein kleines barockes Ensemble handelt oder um eine grandiose «Klanginszenierung» wie die achte Symphonie von Gustav Mahler – eine gute Orchesterpartitur wird immer genau so viele Instrumente fordern, wie zur Umsetzung der kompositorischen Vorstellung nötig sind. Die hohe Kunst der Instrumentation muss jeder Komponist und jede Komponistin beherrschen.

Wie in allen Berufsgruppen gibt es interne Neckereien. Obwohl jedem seriösen Musiker die Unentbehrlichkeit eines jeden Instruments und die Bedeutung seiner Kollegen für das Zusammenspiel bewusst sind, wurde eine Gruppe, die Bratscher, pointensicheres Opfer musikalischer Späße. Dem Bratscher wird vor allem Bedächtigkeit und, aufgrund der vermeintlich einfachen Mittelstimme, auch eingeschränkte Musikalität unterstellt. Obwohl dies keinesfalls zutrifft, wie man der Kunst von Tabea Zimmermann oder Jacques Mayencourt entnehmen kann, sei hier doch eine Kostprobe gegeben: Frage: «Wie lange spielt ein Bratscher längstens?» Antwort: «Bis er ein Messer im Rücken hat. Dann kann er sich nicht mehr anlehnen ...»

## 86. Kann man auf dem Saxophon auch klassische Musik spielen?

«Einmal tief und ruhig, dann leidenschaftlich, träumerisch und melancholisch, zuweilen zart wie der Hauch eines Echos, wie das unbestimmte, klagende Heulen des Windes in den Zweigen ...» So beschreibt der Komponist Hector Berlioz den Klang des Saxophons.

Das Saxophon ist eines der jüngsten Instrumente des klassischen Orchesterinstrumentariums. Der Belgier Adolphe Sax (1814–1894) erfand es 1840. Er wollte ein Holzblasinstrument schaffen, das den typischen Klang eines Rohrblatt-Instrumentes, wie etwa den der Oboe oder der Klarinette (der Ton wird durch ein in Schwingung versetztes Holzblättchen erzeugt), mit dem Volumen eines Blechblasinstrumentes vereint. Sax erweiterte so die Familie der Holzblasinstrumente um einen tiefen und durchsetzungsfähigen Klang. Nach den ersten Einsätzen im Orchester und solistischen Versuchen hielt das Saxophon über den Umweg der Militärkapellen dann schließlich Einzug in die Welt des Jazz, in der es sich dank seiner Variabilität durchsetzte.

Das klassische Repertoire ist zum Großteil der amerikanischen Saxophonistin und Mäzenin Elisa Hall (1853–1924) zu verdanken. Sie beauftragte zwischen 1900 und 1920 namhafte Komponisten wie Claude Debussy, Florent Schmitt, André Caplet oder Vincent d'Indy, für sie zu komponieren, und führte diese Werke selbst auf. Auch Alexander Glazunow und Jacques Ibert schrieben Solokonzerte für Saxophon.

Womöglich hat mancher Konzertbesucher auch schon einmal ein Saxophon im Orchester gehört, ohne es gesondert wahrzunehmen. Sein warmer und runder Ton mischt sich ausgezeichnet mit dem Orchesterklang – so etwa in Ravels *Bolero* oder in Bizets *Arlésienne Suiten*. Herausragend eingesetzt verleiht es *La Création du Monde* (1923) von Darius Milhaud, *Rhapsody in Blue* (1924) und *Ein Amerikaner in Paris* (1928) von George Gershwin die Besonderheit der Klangfarbe.

Das Klangideal einer klassischen Saxophonistin unterscheidet sich sehr von dem eines Jazz-Saxophonisten, der durch eine andere Spieltechnik auch einen völlig anderen Klang erzeugt.

**87. Gibt es Instrumente für Frauen und Männer?** Wundern Sie sich im Konzert, wenn ein Harfenist und eine Trompeterin, ein Flötist, eine Tubaspielerin und eine Kontrabassistin im Orchester spielen? Und wundern Sie sich auch über einen Pauker und eine Flötistin, einen Posaunisten und eine Geigerin? Wahrscheinlich nicht. Wir alle haben Vorstellungen davon, welche Instrumente eher oder ausschließlich für Männer oder für Frauen geeignet sind. Diese Vorstellungen haben sich bis heute gehalten, obwohl es formal keine Einschränkungen mehr für das Erlernen eines Instruments gibt. Alle instrumentalen Studiengänge stehen überall beiden Geschlechtern offen, anders als in früheren Zeiten.

Jahrhundertelang war beispielsweise die Harfe – das Instrument König Davids – ein Männerinstrument, bis im 18. Jahrhundert ein soziokultureller Wandel dazu führte, die Harfe als typisch weibliches Instrument anzusehen, und zwar trotz des enormen Gewichtes, das bei einer Harfe bewegt werden muss, und trotz der enormen Saitenspannung, die den Fingern einen nicht zu unterschätzenden Kraftakt abverlangt.

Lange Zeit galt das Geigespielen für Frauen als unschicklich, weil die «weibliche» Form des Instruments auf eine gleichgeschlechtliche Beziehung hindeute. Die Laute war ebenfalls für Männer reserviert, und um es auch Frauen zu ermöglichen, den schönen, silbrigen Lautenklang zu erzeugen, wurde im 16. Jahrhundert das Virginal entwickelt. Noch im 20. Jahrhundert war die Legende verbreitet, Frauen könnten nicht Trompete spielen, da die Gebärmutter keinen Platz für einen Resonanzraum ließe, während ein Bassist der Berliner Philharmoniker in einem Interview in den 1990er Jahren behauptete, Frauen könnten niemals wirklich gut auf dem Kontrabass werden, weil sie nicht genug schwitzten. Die Wiener Philharmoniker haben erst Ende des 20. Jahrhunderts auf massiven öffentlichen Druck hin Frauen aufgenommen und behaupteten rückwirkend, nur Männer wären gute Orchestermusiker, eine Aussage, die heute Tausende weiblicher Orchestermitglieder in aller Welt widerlegen.

Trotzdem halten sich weiterhin Vorstellungen wie «weibliche Harfe» oder auch «männlicher E-Bass». Diese Zuschreibungen sind keine Frage des Instrumentenbaus, sondern der kulturellen Konvention, gegen die Musikerinnen und Musiker oft anspielen müssen. Auf dem Gebiet der Instrumentenkunde, die Musikinstrumente bestimmten Gruppen zuordnet, wird auf die unterschiedlichsten historischen Systematiken verwiesen. Hierzu gehört auch die von Quintilianus im 3. Jahrhundert nach Christus vorgenommene Einteilung der Instrumente nach ihrer Klangwirkung in «männliche» und «weibliche», während sich Aristoteles auf die beiden Kategorien «beseelt» (Stimme) und «unbeseelt» (Mechanik) beschränkt hatte. In der heutigen Instrumentenklassifikation kommen männlich und weiblich als Kategorien natürlich nicht mehr in Frage, nicht einmal mehr in Wien...

**88. Was ist lauter: Orchester oder Rockband?** Spontan würde wohl jeder sagen: Die Rockband natürlich. Schließlich stehen den Musikern technische Hilfsmittel zur Verfügung, die die Lautstärke problemlos bis jenseits der Schmerzgrenze steigern können. Doch ganz so groß sind die Unterschiede nicht.

Mit der Erneuerung der EU-Lärmschutzrichtlinie wurde 2007 unter anderem auch auf die Lautstärke, der die Musiker im Orchester ausgesetzt sind, aufmerksam gemacht. Die EU-Richtlinie begrenzt den Lärmpegel, dem ein Arbeitnehmer am Arbeitsplatz ausgesetzt sein darf, auf 85 Dezibel, was starkem Verkehrslärm entspricht. Großbesetzte Orchester- und Chorwerke wie die *Alpensinfonie* von Richard Strauss (1864–1949), die *Ode triomphale* von Augusta Holmès (1847–

1903), die für die Pariser Weltausstellung 1889 komponiert wurde und an der 900 Sänger und 300 Musiker beteiligt sind, oder allein eine große Orgel erreichen ohne Weiteres 120 Dezibel, was nahe an die Werte eines Presslufthammers oder eines startenden Düsenjägers heranreicht. Für den Zuhörer im Konzert ist diese Lautstärke ausgewogen, die Musiker im Orchester sind der Schallerzeugung aber viel direkter ausgesetzt. In vielen Orchestern werden deshalb seit einiger Zeit transparente Plexiglasscheiben eingesetzt, die zum Beispiel die Bläser vor dem direkten Klang der kraftvollen Schläge auf die große Trommel abschirmen sollen. Außerdem steht jedem Musiker ein speziell angepasster Hörschutz zu.

Eine Rockband kann mit Hilfe von Verstärkern natürlich ähnliche Werte erreichen, die meisten Bands überschreiten jedoch meist nicht einen Wert von 130 Dezibel, da größere Lautstärke körperlich kaum noch zu ertragen ist. Durchschnittlich liegen die Spitzenwerte von Rockband und Orchester also nah beieinander. Ein wesentlicher Unterschied besteht aber darin, dass diese Höchstwerte vom Orchester nur vorübergehend im Fortissimo erreicht werden, während ein Rockkonzert einen Abend lang Höchstlautstärke bieten kann. Was Zuhörer als Lärm oder als angenehme Musik empfinden, liegt letztlich im subjektiven Empfinden eines jeden Einzelnen begründet.

**89. Was bedeutet «gemischter Chor»?** Der gemischte Chor ist per definitionem eine Gruppe von mehrstimmig singenden Frauen und Männern, in der jede Stimme mehrfach besetzt ist. Die Standardbesetzung besteht aus den vier Stimmlagen Sopran, Alt, Tenor und Bass. Der Zusatz *gemischt* verweist hierbei auf die simple Tatsache, dass Männer und Frauen gemeinsam singen. Was heute eine Selbstverständlichkeit ist, bedeutete in der Geschichte des chorischen Singens, aber auch sozialgeschichtlich, eine tiefgreifende Veränderung.

Der gemischte Chor als eine Form kunstvoller Mehrstimmigkeit trat erst um 1800 in Erscheinung. Der Begriff Chor hat seinen Ursprung in der griechischen Antike. Dort bezeichnet er sowohl Tänzergruppen als auch Sänger- beziehungsweise Sprechergruppen. Da im griechischen Drama auch Frauenrollen von männlichen Schauspielern übernommen wurden, ist es wahrscheinlich, dass auch der Chor ein reiner Männerchor war. Im frühchristlichen Gottesdienst bezog sich der Begriff chorus hauptsächlich auf die Gemeinde, Männer und Frauen sangen beispielsweise im Wechsel. Mit der Ausbreitung des

Christentums wurden die liturgischen Gesänge immer kunstvoller und zunehmend von Sängern übernommen, die in Singschulen ausgebildet wurden. Diese professionelle Ausbildung war ausschließlich Knaben vorbehalten. Die Entwicklung des Mönchswesens und die Klerikalisierung der Kirche verdrängten nach und nach den Gemeindegesang, so dass die Geistlichkeit, lediglich unterstützt von Sängerknaben der *Schola Cantorum*, allmählich allein den Gesang im Gottesdienst übernahm. Dieses Modell singender Männer und Knaben beherrschte über Jahrhunderte den Chorgesang Europas. Viele der Kompositionen, die heute von gemischten Chören aufgeführt werden, wurden für eine Knaben- und Männerbesetzung oder für ein rein männliches Ensemble geschrieben. Daneben gab es auch reine Frauenchöre, vorwiegend in Nonnenklöstern. Erst im Zuge der Aufklärung und ihrer politischen und gesellschaftlichen Umwälzungen bildeten sich Laienchöre, in denen Frauen und Männer gemeinsam und ohne Bindung an eine höfische oder kirchliche Institution sangen. Der gemischte Chor setzte sich durch, der heute in vielfacher Ausführung als Chorverein, Volkschor, Kirchenchor, Kinderchor, Konzertchor oder Rundfunkchor zu hören ist. Natürlich gibt es auch weiterhin reine Frauen- und Männerchöre mit eigenem Repertoire.

**90. Hat «a cappella» etwas mit Kapelle zu tun?** Der Begriff «a cappella», mit dem heute ein nicht von Instrumenten begleitetes Chorstück bezeichnet wird, hatte über die Jahrhunderte zahlreiche unterschiedliche und sogar gegensätzliche Bedeutungen. Er kommt aus dem Italienischen und heißt so viel wie «nach Art der (Sänger-)Kapelle» («alla cappella») oder «wie in der Kirche». Schrieb ein Komponist des 16. Jahrhunderts «cappella» in seine Noten, konnte er eine Tempoangabe damit meinen, oder aber auch den Einsatz der Instrumente nach einem Solo, also genau das Gegenteil von der heutigen Bedeutung. Im späten 16. Jahrhundert beschrieb man damit vornehmlich kirchliche Vokalmusik für vier mehrfach besetzte Stimmen (Sopran, Alt, Tenor, Bass). Jede der Stimmen konnte wiederum durch Instrumente verdoppelt werden.

Stilbildend für die Vokalmusik in der zweiten Hälfte des 16. Jahrhunderts waren Orlando di Lasso (1532–1594) und Giovanni Pierluigi da Palestrina (1525–1594), in deren Werken man eine satztechnische und klangliche Ausgewogenheit verwirklicht findet, die im 19. Jahrhundert wiederentdeckt und mit dem Begriff des Palestrina-

Stils zum Ideal «reiner» Kirchenmusik erhoben wurde. Von großem Einfluss waren auch die vielen Werke, die Palestrina für die päpstliche Musikkapelle schrieb, in der Instrumente generell verboten waren. Der Sonderfall «a cappella sistina» wurde zur Norm einer neuen Kirchenmusik.

Im 20. Jahrhundert interpretierten die Comedian Harmonists den reinen Chorgesang für die Unterhaltungsmusik neu auf höchstem Niveau, und mit den King's Singers gründete sich Ende der 1960er Jahre die heute bedeutendste A-Cappella-Formation, die in ihrer Programmgestaltung eine große Bandbreite musikalischer Stile zeigt. Andere A-Cappella-Ensembles wie die Tallis Scholars oder das Orlando Consort führen die große englische Chortradition in Männerstimmen-Besetzung und einem Schwerpunkt auf Alter Musik fort.

# Über Musik hinaus

**91. Ist Musik eine universale Sprache?** Was empfinden Europäer, wenn sie den Klang eines Didgeridoos hören? Denkt ein Ureinwohner Australiens beim Klang von Mozarts *Requiem* an das Jüngste Gericht? Können Amerikaner ohne vorherige Erläuterungen die Inhalte einer *Peking-Oper* verstehen?

Der Geschichte lässt sich keine klare Definition des Begriffs der «Universalsprache» entnehmen. Der Mathematiker Gottfried Wilhelm Leibniz (1646–1716) bezeichnet Universalsprache (characteristica universalis) als ein System von Zeichen, mit dessen Hilfe alle Objekte und ihre Beziehungen, Axiome, Postulate und Gesetze abgebildet werden können. Die mathematische Logik, durch das Axiomensystem des deutschen Mathematikers David Hilbert (1862–1943) fundiert, kann als Realisierung des von Leibniz definierten universellen Zeichensystems verstanden werden.

Die weitverbreitete These, dass Musik eine universale Sprache sei, bewahrheitet sich nicht. In diesem Fall müsste Musik Merkmale aufweisen, die allen musikalischen Systemen der Welt gemein wären. Als wichtigste Parameter von Musik gelten Rhythmus und Metrum, Tonhöhe und Melodie, Text und Sprache. Diese aber variieren in den verschiedenen Kulturen und Religionen, weshalb sich Musik, im Gegensatz zur Mathematik, nicht durch ein System wie beispielsweise den Binärcode (de)kodieren lässt.

Vielmehr ist Musik eine universale Ausdrucksform, die, bezogen auf bestimmte Komponenten, völkerübergreifend «funktioniert». So evoziert Musik überall Bewegungen und Tanz, wenn auch abhängig vom kulturell oder religiös geprägten Kontext. Grundlegende Ausdrucksformen sind oft auch kulturübergreifend verständlich, beispielsweise kann das Rezitieren des Meditationswortes «OM» von tibetischen Mönchen auch außerhalb Tibets als religiöser Akt verstanden werden, obwohl kultureller Hintergrund und andere Rituale fremd sind.

**92. Singen die Planeten?** Wir wissen nicht, ob die Planeten in einer gemeinsamen Harmonie klingen. Der Begriff der «Sphärenmusik» oder «Sphärenharmonie» geht auf die Pythagoräer zurück. Mit dem Leitspruch «alles ist Zahl» versuchten sie das in der Antike vorherrschende Weltbild mit der Erde als ruhendem Mittelpunkt des

**Ioannis Keppleri**

# HARMONICES
## MVNDI

### LIBRI V. Qvorvm

Primus Geometricvs, De Figurarum Regularium, quæ Proportiones Harmonicas constituunt, ortu & demonstrationibus.

Secundus Architectonicvs, seu ex Geometria Figvrata, De Figurarum Regularium Congruentia in plano vel solido:

Tertius proprie Harmonicvs, De Proportionum Harmonicarum ortu ex Figuris: deque Naturá & Differentiis rerum ad cantum pertinentium, contra Veteres:

Quartus Metaphysicvs, Psychologicvs & Astrologicvs, De Harmoniarum mentali Essentiá earumque generibus in Mundo; præsertim de Harmonia radiorum, ex corporibus cœlestibus in Terram descendentibus, eiúsque effectu in Natura seu Anima sublunari & Humana:

Quintus Astronomicvs & Metaphysicvs, De Harmoniis absolutissimis motuum cœlestium, ortuque Eccentricitatum ex proportionibus Harmonicis.

Appendix habet comparationem huius Operis cum Harmonices Cl. Ptolemæi libro III. cumque Roberti de Fluctibus, dicti Flud. Medici Oxoniensis speculationibus Harmonicis, operi de Macrocosmo & Microcosmo insertis.

*Cum S.C.M.ᵗⁱˢ. Priuilegio ad annos XV.*

### Lincii Austriæ,

Sumptibus Godofredi Tampachii Bibl. Francof.
Excudebat Ioannes Plancvs.

*Anno M. DC. XIX.*

*Abb. 15:* Das Titelblatt der Erstausgabe von Johannes Keplers *Harmonices Mundi* (Weltharmonik), Linz 1619. In dem Werk erörtert der deutsche Astronom, evangelische Pfarrer und Naturphilosoph Johannes Kepler nicht nur die Gesetze der Planetenbewegungen, sondern beschäftigt sich auch mit der Sphärenmusik. Kepler war überzeugt, dass die Natur auf mathematischen Beziehungen beruhe und die Schöpfung ein unteilbares, zusammenhängendes Ganzes bilde.

Universums zu erklären. Pythagoras entdeckte, dass die harmonischen Intervalle auf ganzzahligen Verhältnissen beruhen. Die optimale Proportioniertheit des Tonsystems wurde als Abbild des Weltsystems verstanden. Daher nahm man an, dass auch die Bewegung der Gestirne Klang erzeugt. Hierin liegt der Ursprung der Sphärenmusik oder Sphärenharmonie. Diese Idee wurde sowohl in der Antike als auch im Mittelalter immer weiter ausgesponnen. Besonders dort, wo das Universum als gottgegebene und mathematische Ordnung aufgefasst wurde, fand sie großen Zuspruch. Im frühen Mittelalter bezeichnete der von Boethius (um 475–526) geprägte Begriff der *musica mundana* die harmonische Ordnung des Weltalls.

Im 13. Jahrhundert begann man an der Himmelsharmonie zu zweifeln, nachdem Aristoteles' Schrift *Über den Himmel* ins Lateinische übersetzt worden war. Unter dem Eindruck der Aristotelischen Argumente ließen einige Gelehrte entweder die Frage offen oder ver-

warfen die Sphärenharmonie, wie beispielsweise Johannes de Gro-
cheo (um 1255–1320), Verfasser des Traktats *Ars musicae*. Er gehörte,
wie auch Roger Bacon und Thomas von Aquin, zu den bekanntesten
Zweiflern. In der Renaissance dagegen war die Idee der Sphärenmusik wieder präsent, so waren unter anderem Galilei oder Kepler be-
geisterte Anhänger. Kepler konstruiert in seinem Werk *Harmonices
Mundi* von 1619 das Modell eines harmonisch geordneten Kosmos,
indem er die Sphärenharmonie, im Rahmen seines Kenntnisstands,
einbringt.

Die Theorie der Sphärenmusik geht davon aus, dass die Planeten
(das griechische Wort *planētēi* bedeutet «umherschweifen») bei ihren
streng gleichförmigen Kreisbewegungen Töne hervorbringen, die
einen kosmischen Klang ergeben. Dieser ist für das menschliche Ohr
aber nicht wahrnehmbar, da er ununterbrochen erzeugt wird und
uns nur durch sein Gegenteil, die Stille, zu Bewusstsein käme. Der
Legende nach soll Pythagoras der einzige Mensch gewesen sein, der
die Himmelsharmonie hören konnte.

In einigen Kompositionen ‹singen› die Planeten, beispielsweise
sagt Gustav Mahler über seine achte Symphonie: «Denken Sie sich,
dass das Universum zu tönen und zu klingen beginnt. Es sind nicht
mehr menschliche Stimmen, sondern Planeten und Sonnen, welche
kreisen.» In Gustav Holsts Orchestersuite *Die Planeten* sind die sieben
Sätze nach den Namen römischer Gottheiten betitelt, die den Planeten ihren Namen gaben. Jeder Satz soll die Gefühle thematisch auf-
greifen, die mit den einzelnen Gottheiten verbunden sind. Der dä-
nische Komponist Rued Langgaard (1893–1952) komponierte *Sfærenes
Musik*, eine große Symphonie für Sopran, Chor, Orchester und Fern-
orchester (1916–1918), während die deutsch-amerikanische Komponistin Johanna Beyer (1888–1944) «Musik der Sphären» als Zwischen-
spiel in ihre unvollendete Oper *Status quo* (1938) einbindet. Hier wird
hörbar, was jahrhundertelang nur als Gedankenspiel der Sphärenmusik existierte: der Gesang der Planeten. Und vielleicht ist das
21. Jahrhundert weniger weit von der antiken Vorstellung einer sphä-
rischen Musik entfernt, als man vermuten mag. Wie lautet doch eines
der derzeit überzeugendsten physikalischen Modelle, um alle Funda-
mentalkräfte der Physik einheitlich zu erklären? Die Stringtheorie.

**93. Können nur Menschen Musik machen?** Würde man die Frage, ob denn nur wir Menschen in der Lage sind, Musik zu machen, dem 1992 gestorbenen Komponisten Olivier Messiaen stellen, er hätte sie mit einem Nein beantwortet. Denn Messiaen, der neben seiner Stelle als Organist von *La Trinité* in Paris auch noch ein leidenschaftlicher Ornithologe war (auch wenn er das Fach nie studiert hatte), verstand es mit seiner speziellen Technik des Abhörens und Notierens, den Gesang der Vögel in seine Werke zu integrieren. Die rhythmische Komplexität der Notation, die Pianisten zum Beispiel im *Catalogue d'Oiseaux* (*Katalog der Vögel*) spieltechnisch immens herausfordert, zeigt, dass unser Ton- und Schriftsystem bei der Erfassung solcher nicht von Menschen erzeugter Musik an seine Grenzen gerät.

Oft inspiriert der Gesang von Tieren Komponisten dazu, dieses Klangmaterial direkt in ihre Kompositionen einzuarbeiten (wie die deutsche Komponistin Luise Adolpha Le Beau in den Liedern op. 45 oder der finnische Komponist Einojuhani Rautavaara in seinem *Cantus Arcticus*) oder ihn mit Instrumenten nachzuahmen (wie bei George Crumbs *Vox Balenae*, dem der Gesang von Walen zugrunde liegt).

Trotz solcher Entlehnungen aus dem Tierreich bleibt die Frage, was «Musik» eigentlich ist. Die Musik erklingt nicht von selbst, sondern wir Menschen definieren die Ansammlung und Abfolge zunächst bloß physikalischer Frequenzen als Musik. Strukturen, die wir als logisch empfinden, wie zum Beispiel eine erkennbare Melodie oder wiederkehrende Motive, lassen das Geräusch für uns zu Musik werden.

Daher ist es nicht verwunderlich, dass Messiaen und andere Komponisten so fasziniert vom Gesang der Vögel waren: Obwohl der singende Vogel mit Sicherheit nichts von irgendeiner Musik weiß, erweckt er mit seinem Gesang bei uns den Eindruck, als «mache» er Musik. Und doch wird der Gesang des Vogels erst durch uns zum Kunstwerk – entweder, indem wir ihm Kunstcharakter zuschreiben oder indem die Musik mit ihren künstlerischen Mitteln die Natur nachahmt.

**94. Ist Musik nur zum Hören da?** Musik existiert, indem sie gehört wird – wie alle Kunst wird sie primär durch die Sinne, in ihrem Fall über das Ohr rezipiert. Doch stimmt das nicht ganz, denn die Partitur eines Werkes kann auch Dinge enthalten, die nur mit dem Auge zu entdecken sind. Durch alle Jahrhunderte geben Komponisten immer wieder manchen Werken eine solche für *Hörer* versteckte

*Abb. 16:* Das Rondeau des französischen Komponisten Baude Cordier (1380–1440) mit dem Titel *Belle, Bonne, Sage*. In einer Handschrift des 15. Jahrhunderts wird das Stück in Herzform wiedergegeben – ohne den Text zu kennen, wissen wir, wovon das Stück singt. Ein Stück Augenmusik.

Botschaft mit. Die Hauptstimme in Josquin Desprez' Lamento *Déploration sur la mort d'Ockeghem: Nymphes des Bois*, geschrieben im Jahr 1497 auf den Tod Johannes Ockeghems, enthält nur geschwärzte, gleichsam mit einem Flor versehene Noten – eine sehr subtile und anrührende Form der Ehrbezeugung gegenüber dem geschätzten Lehrer. Im Barock wurde die Lehre der Rhetorik auf die Musik übertragen. Da diese Epoche Symbole sehr liebte, entwickelten sich aus der Rhetorik auch musikalische Redewendungen, mit denen außermusikalische Vorgänge in der Musik beschrieben oder sinnbildlich nachempfunden werden sollten. Viele dieser sogenannten rhetorischen Figuren erschließen sich beim Hören, wenn beispielsweise in einer Kantate das Textwort «Herabsteigen» von einer fallenden Tonleiter begleitet wird. Andere Figuren sind nur in der Partitur ersichtlich und nicht zu er-hören: In seiner *Johannespassion* schreibt Bach bei der Erwähnung des Kreuzes eine Konstellation von vier Noten, deren paarweise Verbindung ein Kreuz ergibt.

Andere Beispiele für Augenmusik sind die *Gulliver Suite* von Telemann (1681–1767), in der mit einer unnötig komplizierten Notation für die Musikerinnen und Musiker die Liliputaner durch die Partitur springen, oder auch das schöne Liebeschanson *Belle, Bonne, Sage* von Baude Cordier (1380–1440), das sogar in Herzform aufgezeichnet ist. Beethoven notiert über den ersten Tönen seiner Klaviersonate *Les adieux* die Worte «Muss es sein? – Es muss sein». Dieser Text ist durch das Hören nicht zu erfassen, andererseits erhält er im Erklingen der Musik erst seinen tieferen Sinn – ein Beispiel für die wichtige Tatsache, dass Musik nicht *nur* gehört, sondern auch verstanden sein will.

Unter einem ganz anderen, überraschenden Aspekt ist Musik nicht nur zum Hören da, nämlich für den, der nicht hören kann. Die gehörlose Schlagzeugerin Evelyn Glennie, die den Grammy gewann für die Einspielung von Bartóks *Sonate für zwei Klaviere und Schlagzeug*, aber auch Filmmusik komponiert hat, zeigt auf eindrucksvolle Weise, dass unser Ohr nicht das Ziel der Musik, sondern nur eine Brücke zu dem Ort ist, den man offensichtlich auch auf anderen Wegen erreichen kann. Alle Musik, die wir anhören, entsteht erst in unserem Kopf, zusammengesetzt aus einer rational nicht fassbaren Mischung von Stimmung, Erfahrung, Wissen und Lebensumständen. So gesehen ist Musik nie nur zum Hören da.

**95. Gibt es nur in Europa eine Klassik in der Musik?**  Auch wenn die weltweite Attraktivität europäischer klassischer Musik ungebrochen ist, haben viele außereuropäische Kulturen ihre eigene Klassik, die wie in Europa eine Kunstmusik ist. Im übertragenen Sinn erfüllt «klassische Musik» weltweit die Kriterien Professionalisierung, Tradierung und Rezeption von als vorbildlich geltenden Beispielen der Musikkultur, Lehrbarkeit und Überlieferung sowie Vorhandensein eines theoretischen Systems. Auch wenn für Europa die schriftliche Fixierung ein zentrales Merkmal ist, gehört die Notation nicht zu den zwingenden Kriterien klassischer Musik, andere Kulturen überliefern Wissen vergangener Zeiten häufig ohne Pergament oder Papier.

Der Fortschrittsbegriff kann als die Wurzel allen hegemonialen Übels im 19. Jahrhundert bezeichnet werden. Die Vorstellung einer einheitlichen Menschheitsentwicklung etablierte sich, die Idee eines Zeitstrahls, auf dem sich alle Völker zum Besseren hin bewegten, uneinholbar angeführt von Europa mit seiner überragenden Kultur.

Alle anderen Kulturen galten im doppelten Wortsinn als «primitiv», als ursprünglich und armselig.

Heute spricht man in der Wissenschaft nicht mehr von einer einheitlichen Menschheitsgeschichte, der Blickwinkel hat sich geöffnet für die Größe und die Eigenheiten aller Kulturen.

Die meisten Zivilisationen der Welt haben nicht nur eine, sondern mehrere Musikkulturen, unter denen es eine klassische gibt. Betrachtet man die traditionelle Musik Afrikas – des arabisch geprägten Nordens sowie des teilweise europäisch geprägten Südens mit seinen vielen Kulturen, Sprachen, Lebensformen –, so begegnet man zum Beispiel der Pentatonik oder der Heptatonik; einige Tonsysteme sind temperiert, daneben werden naturreine Intervalle verwendet. Im Wesentlichen sind die Traditionen mündlich überliefert, und die Musik kennt keine Notation. Die Hofmusik von Buganda – einem der größten Hima-Reiche in Ostafrika – ist seit fünf Jahrhunderten maßgebend für heutige Musiker in Ostafrika. Diese überaus differenzierte Hofmusik ist ein Beispiel für afrikanische Klassik: Das bugandische Hofzeremoniell sieht eine komplexe Trommelmusik und Tänze vor wie *Bakisimba, Nankasa, Amaggunju* und wird durch Melodieinstrumente wie Ennanga (Harfe) und Entongoli (Leier) sowie durch Xylophone wie Amadinda und Akadinda ausgeschmückt.

Im 5. Jahrhundert importierte Japan zeitgleich mit der Ausbreitung der buddhistischen Lehre der älteren Kulturen in China und Korea Gesänge und Gesangsstile wie *Kagura, Yamato-Uta* und *Kume-Uta. Gagaku* ist eine Zusammenführung dieser Musik und Tänze, die ihre künstlerische Reife im 10. Jahrhundert erlangte und weiterhin von Generation zu Generation über den Kaiserhof weitervermittelt wird. Zentrale Elemente dieses japanischen Gesangsstils und der Vokalarrangements im *Gagaku* sind komplizierte Kompositionstechniken, die für die Entwicklung asiatischer Musik nach wie vor zentral und vorbildlich sind und zudem das Potenzial haben, sich zu einer globalen Kunstform zu entwickeln. Ähnlich Klassisches lässt sich über Musikkulturen in Nord- und Südindien, über die koreanische Hofmusik und über die älteste Musiktradition der Welt, die chinesische Musik, sagen. Diese wird unter anderem im *Buch der Lieder* überliefert, das zwischen 1000 und 600 vor Christus entstand und bis heute als Beispiel für die klassische Musik Chinas gilt.

Die Musik anderer Länder ist älter und hat vergangene Zeiten mit weniger Veränderungen überdauert als unsere westliche Musik, doch heute bedrängen die Pop- und Schlagerindustrie und die internationale Vermarktung des europäischen Klassiksektors die Existenz der zum Teil jahrtausendealten Kulturgüter gleich von zwei Seiten. Musikkulturen sind wie Sprachen – wenn sie nicht mehr gesprochen werden, sterben sie aus. Die Gesellschaft für bedrohte Sprachen schätzt, dass in den nächsten Jahrzehnten etwa ein Drittel der circa 6500 Sprachen aussterben wird. Entsprechend ist zu vermuten, dass nur die wenigsten Musikkulturen die Globalisierung der nächsten Jahrzehnte überleben können. Damit würde ein Teil des kulturellen Menschheitserbes unwiederbringlich untergehen.

**96. Kann Musik heilen?** Die Überzeugung, dass Musik heilende Wirkung besitzt, hat eine lange Tradition. Einen frühen Beleg liefert das Alte Testament, demzufolge David mit seinem Harfenspiel die Depressionen von König Saul behandelt hat. Auch die antike Philosophie vertrat die Auffassung, dass die Musik die Psyche positiv beeinflussen könne, da beide aus ähnlichen Proportionen bestünden. In der Mystik des Mittelalters waren Religion, Medizin und Musik auf das Engste verbunden, wie das Werk Hildegard von Bingens beweist, die sowohl zahlreiche naturkundliche Schriften verfasste als auch komponierte und Musik zu Heilungszwecken einsetzte. Im 18. Jahrhundert untersuchte Franz Anton Mesmer in seiner Magnetismus-Therapie die Wirkung von Magneten in Verbindung mit Musik. Im 19. Jahrhundert ging die Bedeutung von Musik als Heilmittel im Zuge der aufkommenden wissenschaftlichen Medizin zurück.

In den 1920er Jahren wurde sie durch die Anthroposophie Rudolf Steiners wiederum neu belebt. Nach 1945 etablierte sich die Musiktherapie, zunächst als Forschungsgebiet in Medizin, Psychologie, Musikwissenschaft und Heilpädagogik. 1972 wurde schließlich die Deutsche Gesellschaft für Musiktherapie gegründet, womit die Musiktherapie nach den USA auch in Deutschland als eigenständige Disziplin professionalisiert wurde. Das Spektrum der Ansätze ist breit gefächert, es reicht von der Psycho- über die Entspannungstherapie bis zum kreativen Umgang mit Musik. Musiktherapie wird damit sowohl präventiv als auch therapeutisch eingesetzt. Die Konjunktur von Entspannungs- und Meditationsmusik sowie die wiederkehrende Diskussion der Bedeutung von Musikpädagogik hinsichtlich der Förderung von Intelligenz und sozialer Kompetenz zeigt, dass die Überzeugung von der positiven, harmonisierenden Kraft der Musik auch im Bewusstsein der Gegenwart fest verankert ist. Von ihr weiß jeder Mensch, der schon einmal durch Musik getröstet und bereichert wurde – oder richtig aufgewühlt. Die Wirkung von Musik auf den Menschen birgt jedoch auch die Gefahr der Manipulation. Formen der Konsumförderung und Propaganda zeigen, dass der gezielte Einsatz von Musik stets ethische Fragen der Verantwortung gegenüber Mitmenschen, Natur und Gesellschaft aufwirft.

**97. Welche Rolle spielt Musik in den anderen Künsten?** Oft wird Musik als die Kunst aller Künste bezeichnet, und auch wenn man über diesen Punkt debattieren mag, ist doch offensichtlich, dass Musik großen Einfluss auf andere Künste hatte und hat – wie natürlich auch umgekehrt. Im Mittelalter wird Musik in das System der Septem Artes Liberales eingebunden: Die Sprache gilt in ihren unterschiedlichen Teilbereichen als Trivium (Grundlage für weitere Künste), die Musik ist Teil des Quadrivium (weiterführende Wissenschaften), das neben Musik auch die Bereiche Arithmetik, Geometrie und Astronomie umfasst. Musik ist hier also eingebunden in die mathematischen Künste, maßgebende Gemeinsamkeit ist das Prinzip der Zahl.

Unabhängig von dieser bedeutungsvollen Ansicht ist Musik für andere Künste ein Bezugspunkt: In der Literatur stößt man auf den Namen E.T.A. Hoffmann, der in seinen Romanen Musik oft als wichtigen Themenbereich aufgreift, wie beispielsweise in den *Lebensansichten des Katers Murr*. Thomas Manns Werke wären ohne Musikbezüge gar nicht denkbar. Die Romane *Buddenbrooks*, *Der Zauberberg* und *Doktor Faustus* thematisieren nicht nur Musik, sondern verwenden sie auch als Bauprinzip, erklären mit Hilfe der Musik Zeitläufte und setzen Musikgeschichte in Bezug zur Geistesgeschichte. Literatur ist bei Thomas Mann Komposition, in der die Orte und Räume sowie die Personen und deren Gedanken die Funktion musikalischer Motive haben. Der erste Gedichtband von James Joyce erschien unter dem Titel *Chamber music* (Kammermusik). Seine literarischen Werke beeinflussten Komponisten wie beispielsweise Luciano Berio, Pierre Boulez, John Cage und Jana Kmitova, deren zweites Streichquartett sich auf *Ulysses* bezieht. Ingeborg Bachmann hat mit *Malina* einen der schönsten musikalischen Romane des 20. Jahrhunderts geschrieben und in der Zusammenarbeit mit Hans Werner Henze an den Opern *Der Prinz von Homburg* (1960) und *Der junge Lord* (1965) sowohl theoretisch-reflektiert wie in der praktischen Umsetzung die engen Beziehungen von Musik und Literatur nachvollzogen.

Auch viele Architekten, Maler und Bildhauer haben Musik als Inspiration ihrer Werke genutzt. Der Florentiner Dom und eine Motette Du Fays basieren auf denselben mathematischen Proportionen. Die Motette *Nuper Rosarum Flores* wurde anlässlich der Fertigstellung von Brunelleschis Kuppel am 25. März 1436 in Anwesenheit von Donatello, Brunelleschi selbst und Alberti aufgeführt. Die besonders enge Verbindung von Klang- und Baukunst spiegelt sich in der schönen Formulierung, Musik sei zum Klingen gebrachte Architektur und Architektur steingewordene Musik. In der Renaissance, die eine Verbindung der Künste besonders intensiv anstrebte, versuchte man, die architektonischen Maße eines Gebäudes oder einer Fassade nach den Schwingungsverhältnissen der Ton-Intervalle zu berechnen, um einen besonders harmonischen optischen Eindruck zu schaffen. So konnte ein Fenster die Proportion einer Quinte (2:3) oder einer Terz (4:5) haben. Skizziert man die strukturelle Analyse eines barocken Musikstückes auf Papier, entsteht bisweilen eine Zeichnung, die dem Grundriss eines Bauwerks ähnelt. Vor allem zwischen Kompositionen Bachs und Bauten des Architekten Balthasar Neumann haben sich überraschende Übereinstimmungen ergeben.

Viele Maler haben sich um die Umsetzung von Musik in Malerei bemüht. Paul Klees Suche nach Elementen und Gesetzen in der Musik, die er auf seine Malerei übertragen konnte, hat eine Fülle von unterschiedlichsten Kunstwerken hervorgebracht. Musikalität war für ihn ein zentrales gestalterisches Element. Er hat die ursprünglich rein musikalischen Begriffe Polyphonie und Rhythmus auf die Bildende Kunst übertragen. Auch weisen verschiedene Titel seiner Arbeiten einen direkten Bezug zur Musik auf, etwa *Alter Geiger* (1939), *Sängerin der komischen Oper* (1927), *Im Bachschen Stil* (1919). Besonders intensiv hat sich Klee mit der bildlichen Umsetzung polyphoner Strukturen auseinandergesetzt. Durch Überlagerung unterschiedlicher Farbflächen entstanden neue, «mehrstimmige» Bildgefüge, die als (Bild-) Partituren durchaus frei interpretierbar sind. Zu nennen sind hier *Fuge in rot* (1921), *Landschaft in A-Dur* (1939) und *Polyphon gefasstes Weiss* (1930).

Während Paul Klees Werk ganz zentral Musik und Kunst verbindet, spielt Musik auch eine Rolle für andere bildende Künstler des 20. Jahrhunderts. In Frida Kahlos Werken tauchen Noten auf, in

Rebecca Horns Installationen spielt Musik eine zentrale Rolle, die Kunstästhetik von František Kupka und Piet Mondrian ist ohne musikalische Bezüge nicht vorstellbar. Die Wegbereiterin der abstrakten Malerei Sonia Delaunay (1885–1979) entwarf neben ihrer Hauptbeschäftigung auch Theaterdekorationen und Kostüme und stattete im Jahr 1968 das Ballett *Danses Concertantes* von Igor Strawinsky aus. Der Tanz ist ohnehin eine Kunst, die ohne die Musik nicht möglich ist. Tanz übersetzt Musik in sichtbare Bewegung. Dabei ist es vollkommen egal, ob man von Ausdruckstanz, Standardtanz oder Ballett spricht. Sie alle übertragen den Rhythmus der Musik in die Bewegung eines Körpers, Inhalt oder Ausdruck werden in freie Formen übersetzt.

Ein neues Genre, das sich erst im 20. Jahrhundert entfaltete, ist die Filmmusik. Durch die Möglichkeiten der modernen Technik entwickelte sie sich schnell weiter und ist heute aus Filmen nicht wegzudenken. Die Abwesenheit von Musik im Film gilt heute schon als Kunstgriff. Stark geprägt haben den Bereich unter anderem Ennio Morricone und Miklós Rózsa, John Williams, Howard Shore, Rachel Portman, Hans Zimmer und Eleni Karaindrou. Obwohl Filmmusik als Hintergrund der Handlung erklingt und oft gar nicht bewusst wahrgenommen wird, ist sie manchmal Thema oder Mitspieler im Film selbst und hat immer eine entscheidende Wirkung auf die Zuschauer. Trotz aller technischen Möglichkeiten wird bei großen Filmproduktionen bis heute ein klassisches Orchester dem elektronisch produzierten «Sound» vorgezogen, denn auch Personen, die normalerweise kaum klassische Musik hören, empfinden den Klang eines Orchesters als edel und farbig.

**98. Was macht Musik so mächtig?** Die Tatsache, dass der Mensch ebenso ein musikalisches Wesen ist wie ein sprachliches und soziales, hat überraschenderweise erst in den vergangenen Jahren gebührende Beachtung gefunden. Bis dahin wurde die Fähigkeit zum Sprechen als *das* Kennzeichen des Menschen im Unterschied zum Tier gewertet und war vermutlich deshalb Lieblingsobjekt vieler Wissenschaftszweige. Das Interesse an Musik nimmt zu, in der Tat gibt es auf der Erde keine einzige Kultur ohne Musik, wohl aber solche ohne Schrift, ohne das Rad, ohne Geld und Eigentum.

Musik als «emotionale Sprache» scheint einer der elementaren Bausteine menschlichen Lebens schlechthin zu sein. Wir erleben immer wieder aufs Neue die Kraft der Musik, mit der sie uns in ihren Bann zu ziehen, Emotionen auszudrücken, uns zu beruhigen, zu be-*un*ruhigen, ja selbst Krankheiten zu heilen und andererseits uns zu manipulieren vermag – nicht zu vergessen die lästige Macht, die ein Ohrwurm über uns gewinnen kann! Und all das gelingt allein durch die abstrakte Anordnung verschiedener Frequenzen und Amplituden! Aus wissenschaftlicher Sicht stimuliert Musik verschiedene Regionen des Gehirns, die ansonsten nicht oder nur indirekt miteinander vernetzt sind. Musik zu machen, aktives Zuhören oder genussvolle Hingabe ist also höchst anspruchsvolles «Gehirntraining»! Dies könnte *eine* der Ursachen für die Macht der Musik sein. Zudem kann man die Ohren nicht schließen, so dass alles, was uns auf akustischem Wege erreicht, direkt ins Bewusstsein gelangt. Die Vermutung liegt nicht fern, dass eine gemeinsame Urform von Musik und Sprache einst der Kommunikation diente. Dafür spricht unter anderem, dass sich das Musizieren offensichtlich positiv auf die sprachlichen Fähigkeiten auswirkt. Während jedoch die Sprache mit dem Bewussten konnotiert wurde und zum weltweit dominierenden Medium aufstieg, verknüpfte man die Musik als abstrakteres Mittel zunehmend mit dem Un- oder Unterbewussten, auch mit dem Übernatürlichen, denkt man an die Rolle von Musik in Kult und Religion. Dazu könnte beigetragen haben, dass sich die Menschen zunehmend als selbstbewusste Wesen begriffen, die sich vor allem optisch orientieren und deren primäre Kommunikationsbedürfnisse kaum an Musik gebunden sind. Doch ist Musik ein zentrales Element auch unserer Kultur, sie ist in alle Lebensbereiche vorgedrungen, und manche Subkulturen definieren sich fast ausschließlich über die Musik, die sie hören.

**99. Kann man mit Musik die Welt verändern?**  «Meine Musik ist ‹impura›, wie Neruda (es auch) von seinen Gedichten sagt. Sie will nicht abstrakt sein, sie will nicht sauber sein, sie ist ‹befleckt›: mit Schwächen, Nachteilen, Unvollkommenheiten (...)Was ich möchte, ist, zu erreichen, dass Musik Sprache wird und nicht dieser Klangraum bleibt, in dem sich das Gefühl unkontrolliert und ‹entleert› spiegeln kann; Musik müsste verstanden werden wie Sprache.»

Diesen Gedanken äußerte der Komponist Hans Werner Henze 1972 und gibt uns damit fast das Programm, das für Musik gelten kann, die die Welt verändern will.

Abseits der weltentrückten und doch heiß geliebten Vorstellung, dass in Musik von Natur aus eine geradezu mystische Kraft steckt, mit dem Potenzial, nicht nur Kranke zu heilen und Rosen besser blühen zu lassen, sondern auch die Welt und die Menschen darin ein Stück zu bessern, gibt es auch Komponisten, denen der bloße Glaube an die (be-)zwingende «Schönheit» der Musik schlicht zu wenig war.

Für Komponisten wie Hanns Eisler, Luigi Nono oder eben Hans Werner Henze war es immer engagierte Musik, die es sich lohnte, aufs Notenpapier und vor allem zur Aufführung zu bringen.

Allen drei genannten Künstlern gemeinsam ist dabei ein ausgesprochen wacher Geist, der Einflüsse aus allen kulturellen Bereichen, von der Philosophie bis zur Bildenden Kunst, in sich aufnimmt und Musik und Politik als verwandte Felder begreift. Im 20. Jahrhundert ist es einerseits besonders die Verbundenheit mit den Opfern von Faschismus und Krieg, von politischer Verfolgung und Unterdrückung, die Ansporn für die Vision einer weltverändernden Musik ist, der andererseits die Einsicht entgegensteht, dass Musik auf Personen wie den KZ-Arzt Josef Mengele, der glühender Beethovenverehrer und Menschenschlächter zugleich war, offensichtlich keinerlei ethisierende Wirkung gehabt hatte.

Während Eisler in seinem Engagement für die Kommunistische Partei in den 1920er Jahren seine Mitmenschen zum aktiven Widerstand gegen den Kapitalismus und später den Faschismus aufrufen will, unter anderem mit seinen Chorgesängen und Kampfliedern wie dem *Solidaritätslied*, zeigt Luigi Nono in Italien seine Hinwendung zu politisch engagierter Musik vor allem ab 1950.

In Werken wie *Ricorda cosa ti hanno fatto in Auschwitz* (1966) und die Kantate *Il canto sospeso* (1956), in der Nono Textfragmente von zum Tode verurteilten Widerstandskämpfern aufgreift, denkt er mit Hilfe eines neuartigen Musik- und Sprachverhältnisses die Musik nicht nur als einmalig erklingendes und verklingendes Phänomen, sondern hinterlässt mit der Musik Spuren in der fortlaufenden Geschichte. Die politische Botschaft der Texte erscheint nicht einfach neben der Musik: Wort- und Musikklang verschmelzen zu einem einzigen Ganzen, das dem Hörer keine Möglichkeit zur Entspannung geben soll, sondern zum Denken und (!) Handeln auffordert. Dass engagierte Musik mit ihrer Komplexität zugleich kompositorisch auf der Höhe der Zeit und politisch einflussreich sein soll, ist eine These, die oft diskutiert wird. In Hans Werner Henzes Oper *We come to the River* (uraufgeführt 1976 am Royal Opera House in Covent Garden in London), die mit drei parallelen Bühnen- und Orchesterformationen gestaltet ist, wird diese Forderung sehr eindringlich umgesetzt. Von dem Librettisten der Oper, Edward Bond, stammt auch der folgende Text, der gleichsam als Forderung all jener Musikerinnen und Musiker gelten darf, die glauben, dass man mit Musik tatsächlich die Welt verändern *muss*:

«In Auschwitz hängten sie Menschen zu Walzermusik. In Chile brachen sie eines Musikers Hände. Mit der gleichen Ironie nahm die Kirche einst Ketzerzungen. Also muss eine neue Musik entstehen. Eine Musik, zu der du keine Menschen hängen kannst. Eine Musik, die dich hindert, Musikerhände zu brechen.» (aus: Edward Bond, *Orpheus hinter Stacheldraht*, 1986)

**100. Ist Musikunterricht Zeitverschwendung?** Die Versuchung, Musikunterricht als Zeitverschwendung abzutun, ist gerade in Zeiten gesellschaftlicher und wirtschaftlicher Umbrüche groß: Mehr »Nützliches», weniger Musik. In der Tendenz zielt die Schulpolitik der letzten Jahre auf Effizienz, was die Förderung der Zentralfächer zu Ungunsten der «Orchideenfächer» wie Kunst und Musik zur Folge hat. Ist Musikunterricht also Zeitverschwendung?

Ganz abgesehen davon, dass klassische Musik im deutschsprachigen Raum Teil der nationalen Identität ist, vermittelt Musizieren Kernkompetenzen, wie Pädagogen und Psychologen herausstellen und groß angelegte Studien der letzten Jahre zeigen. Musik ist eine emotionale Sprache, die die Ausdrucksmöglichkeiten von Menschen deutlich erweitert. Musik ist aber auch «klingende Mathematik» und vermittelt die Fähigkeit regelhaften systematischen Vorgehens. Beim Musizieren lernen Menschen, aufeinander zu reagieren, sie lernen, gemeinsam ein Ziel zu erreichen. Wie bei vielen anderen Dingen wird auch der Zugang zur Musik am besten in den Kinderjahren gelegt. Wer in dieser Zeit ein Instrument zu spielen gelernt hat, wird zeitlebens davon zehren können. Jede Schule mit einem Musikschwerpunkt hat den Vorteil einer identitätsbildenden Gemeinsamkeit. Wie viel schwieriger ist es für andere Fächer, gleichermaßen alle am Schulsystem beteiligten Individuen zu motivieren und der Institution ein Profil zu geben.

Schauen Sie sich nur das *Sistema de Orquestas Juveniles de Venezuela* an, ein Förderprogramm, das überaus erfolgreich Kindern und Jugendlichen aus katastrophalen sozialen Verhältnissen eine fundierte musikalische Ausbildung ermöglicht. Dieses Programm hat nicht nur zu einer explosionsartigen Begeisterung für klassische Musik in Venezuela geführt und zahllose Jugendliche aus dem Slum geholt, sondern auch Musiker von herausragender Qualität hervorgebracht. Gustavo Dudamel, einer der durch das Ausbildungssystem geförderten Musiker, übernahm 1999 als 18-jähriger Chefdirigent das Simón-Bolívar-Jugendorchester, das führende von mittlerweile dreißig professionellen Orchestern im staatlichen Programm. Unter seiner Leitung hat das Orchester zahlreiche Auslandskonzerte gegeben und unter anderem 2007 bei den Londoner Proms debütiert. Kann Musikunterricht je Zeitverschwendung sein?

**101. Wird es immer Musik geben?** Was hätten wohl Orlando di Lasso, Jean-Philippe Rameau oder Fanny Hensel auf diese Frage geantwortet? Wahrscheinlich hätten sie dem Neugierigen freundlich lächelnd ein «aber natürlich» entgegengehalten. Was sonst? «If music be the food of love, play on», schrieb Shakespeare.

Musik ist ein Grundbedürfnis des Menschen. Jede Kultur, die wir kennen, hat ihre eigene Musik hervorgebracht. Und auch wenn sich indische, afrikanische, westeuropäische Musik oder der Gesang eines isolierten Amazonas-Volkes sicherlich grundlegend unterscheiden, können wir die Entstehung in so unterschiedlichen Gesellschaften als Beleg für ein menschliches Grundbedürfnis nach Musik werten.

Musik kann die unterschiedlichsten Funktionen erfüllen. Sie kann Ausdruck eines Willens oder einer Meinung sein, sie kann Reaktion, Mahnung oder Verarbeitung emotionaler Erlebnisse sein.

Ob eine Mutter ihr Kind in den Schlaf singt, ein verliebtes Paar engumschlungen tanzt, ob wir auf dem Weg zur Arbeit das Radio einschalten, ins Kino gehen oder uns unter der Dusche als vierter der Drei Tenöre fühlen oder ob bei einem Staatsbegräbnis ein Trauermarsch erklingt – Musik begleitet unser Leben.

Musik ist aber auch immer im Wandel. Deshalb wird die Musik von heute nie die Musik von morgen sein. Komponisten werden immer wieder nach neuen Wegen suchen; der Geschmack des Publikums wird sich immer wieder verändern; auch in der Musik wird es immer das Bedürfnis nach etwas Aufregenderem, bis dahin «Unerhörtem» geben; Komposition wird immer beeinflusst sein vom Bewusstsein des Vergangenen, aber auch vom Geist der Gegenwart und der Gesellschaft, in der sie entsteht.

Es wird immer Musik geben. Auch wenn wir heute nicht einmal erah-
nen können, mit welcher Bedeutung, mit welchen Klängen zukünf-
tige Generationen dieses Wort füllen werden. Olivier Messiaen, der
im 20. Jahrhundert der Musik so überraschend neue Wege erschloss,
antwortete im Alter auf die Frage, wie die Musik der Zukunft aussehe:
«Überlassen wir es den Jungen ... An ihnen wird es sein, unbekannte
Erden zu erschüttern, zu verändern, zu erneuern und urbar zu machen.»

# Hörempfehlungen der Herausgeber

An der Musikhochschule Köln werden zu Beginn eines Semesters seit einiger Zeit sogenannte Hörlisten ausgegeben, um Studentinnen und Studenten für bestimmte Themen mit der jeweils wichtigen «Primärliteratur» vertraut zu machen. Wenn wir Ihnen im Folgenden eine solche Hörliste mitgeben, dann lautet hier das Thema schlicht «Klassische Musik». Sicher sind Ihnen einige der aufgeführten Kompositionen bekannt, vielleicht begleiten manche davon Sie schon jahrelang.

Mit unseren Empfehlungen möchten wir Sie ermuntern, sowohl Bewährtes als auch selten gespielte Werke neu zu entdecken. Unsere Lieblingsstücke haben wir für Sie zusammengestellt, die alle auch in hervorragenden Einspielungen erhältlich sind.

Viel Spaß beim Entdecken wünschen

Annette Kreutziger-Herr, Winfried Bönig, Tilmann Claus und Gerald Hambitzer

## Mittelalter
Hildegard von Bingen: *Antiphone* (um 1150)
Perotinus: *Sederunt Principes* (um 1200)
Johannes Ciconia: *Ballade* und *Motetten* (um 1400)
Guillaume Du Fay: *Nuper rosarum flores* (Motette, 1436)

## Renaissance
Gilles Binchois: *Chansons* (um 1450)
Johannes Ockeghem: *Missa prolationum* (um 1450)
Josquin Desprez: *Missa L'homme armé super voces musicales* (um 1502)
Orlando di Lasso: *Prophetiae Sibyllarum* für vierstimmigen Chor (1549–1551)
Giovanni da Palestrina: *Missa Papae Marcelli* (um 1562)
Carlo Gesualdo: *Madrigali* (1594–1626)

## Barock
John Dowland: *Lute songs* (Lautenlieder, um 1600)
Claudio Monteverdi: *L'Orfeo* (Oper, 1607)
Barbara Strozzi: *Il primo libro di madrigali* (1644)
Chiara Margarita Cozzolani: *Marienvesper* (1650)
Jean-Baptiste Lully: *Atys* (*Tragédie en Musique*, 1676) «Die Oper des Königs»
Johann Sebastian Bach: *Brandenburgische Konzerte* (1711–1713)
Johann Sebastian Bach: *h-moll-Messe* (um 1724 bis 1749)
Jean-Philippe Rameau: *Castor und Pollux* (*Tragédie en musique*, 1737)
Domenico Scarlatti: Ausgewählte *Sonaten* (um 1738 bis 1757)
Georg Friedrich Händel: *Der Messias* (Oratorium, 1741)

## Klassik
Johann Christian Bach: *Klaviersonaten* (ab 1768)
Carl Philipp Emanuel Bach: *Freie Phantasien für Klavier* (um 1785)
Wolfgang Amadeus Mozart: *Le nozze di Figaro*, KV 492 (Oper, 1786)
Wolfgang Amadeus Mozart: *Klavierkonzert B-Dur*, KV 595 (1791)

Joseph Haydn: *Kaiserquartett C-Dur*, op. 76/3 (1797)
Ludwig van Beethoven: *Sonate D-Dur*, op. 10 No. 3 (1796–1798)
Joseph Haydn: *Nelson-Messe d-moll*, Hob. XXII: 11 (*Missa in angustiis*, 1798)
Ludwig van Beethoven: *7. Symphonie A-Dur*, op. 92 (1811/12)
Jan Voríšek: *Symphonie D-Dur* (1821)

## Romantik
Fanny Hensel: *Klavierquartett As-Dur* (1822)
Franz Schubert: *Die Winterreise* für Singstimme und Klavier, op. 89 (1827)
Franz Schubert: *Streichquintett C-Dur*, D 956 (1828)
Robert Schumann: *Kreisleriana* für Klavier, op. 16 (1838)
Louise Farrenc: *Klavierquintett Nr. 2 in E-Dur*, op. 31 (1840)
Fanny Hensel: Klavierzyklus *Das Jahr* (1841)
Felix Mendelssohn Bartholdy: *Ein Sommernachtstraum*, op. 61 (1843)
Franz Liszt: *Faust-Symphonie in drei Charakterbildern* (1857)
Richard Wagner: *Die Meistersinger von Nürnberg* (Oper, 1861–1867)
Giuseppe Verdi: *Missa da Requiem* (1874)
Anton Bruckner, *4. Symphonie Es-Dur*, WAB 104 (1874)
Johannes Brahms: *Symphonie Nr. 4 in e-moll*, op. 98 (1885)
Antonín Dvořák: *Konzert für Cello und Orchester* (1895)
Camille Saint-Saëns: *Klavierkonzert Nr. 5*, op. 103 (Ägyptisches Konzert, 1896)
Cécile Chaminade: *Lieder* (um 1900)
Gustav Mahler: *Rückert-Lieder für Singstimme und Orchester* (1899–1902)
Gustav Mahler: *Symphonie Nr. 5 in cis-moll* (1904)

## Moderne Musik
Claude Debussy: *Pelléas et Mélisande* (Oper, 1902)
Richard Strauss: *Salome* (Oper, 1905)
Ethel Smyth: *The Wreckers* (Oper, 1906)
Anton Webern: *Fünf Orchesterstücke*, op. 10 (1911–1913)
Arnold Schönberg: *Pierrot lunaire* (Liedzyklus, 1912)
Sergej Prokofjew: *Toccata für Klavier* (1912)
Igor Strawinsky: *Le Sacre du Printemps* (Ballett, 1913)
Alban Berg: *Wozzeck* (Oper, 1917–1921)
Leoš Janáček: *Glagolitische Messe* (1926)
Maurice Ravel: *Klavierkonzert G-Dur* (1929/30)
Béla Bartók: *Musik für Saiteninstrumente, Schlagzeug und Celesta* (1936)
Paul Hindemith: *Mathis der Maler* (Oper, 1938)
Olivier Messiaen: *Quatuor pour la fin du temps* (Quartett für das Ende der Zeiten) (1941)
Bohuslav Martinů: *Symphonie Nr. 2*, H 295 (1943)
Viktor Ullmann: *Hölderlin-Lieder für Singstimme und Klavier* (1943/44)
Aaron Copland: *Appalachian Spring* (Suite for Orchestra, 1944/45)
Olivier Messiaen: *Turangalîla*-Symphonie (1949)

## Neue Musik I
Witold Lutoslawski: *Konzert für Orchester* (1950–1954)
Dmitri Schostakowitsch: *8. Streichquartett* (1960)
György Ligeti: *Atmosphères* für Orchester (1961)
Luigi Nono: *... sofferte onde serene ...* für Klavier und Tonband (1975–1977)
Karlheinz Stockhausen: *Tierkreiszeichen* für verschiedene Instrumente (1975/76)

Hans Werner Henze: *Royal Winter Music* für Gitarre solo (1979)
Sofia Gubaidulina: *Offertorium* (1981)
Younghi Pagh-Paan: *Flammenzeichen* für Gesang und Schlagzeug (1983)
Helmut Lachenmann: *Mouvement* (vor der Erstarrung) für Ensemble (1984)
György Ligeti: *Etüden für Klavier* (1985–1996)
Steve Reich: *Different Trains* für Streichquartett oder Streicherensemble und Tonband (1988)

## Neue Musik II
Wolfgang Rihm: *Kolchis* für Harfe, Klavier, Schlagzeug, Violoncello und Kontrabass (1991)
Adriana Hölszky: *Miserere* für Akkordeon (1991/92)
Rebecca Saunders: *Into the Blue* (1996)
Péter Eötvös: *Die drei Schwestern* (Oper, 1996/1997)
Isabel Mundry: *Flugsand* für Orchester (1998/2002)
Gérard Grisey: *Quatre Chants pour franchir le Seuil* für Gesang, Bläser, Streicher, Schlagzeug und Harfe (1998)
Unsuk Chin: *Violinkonzert* (2001)
Sofia Gubaidulina: *In tempus praesens.* Violinkonzert Nr. 2 (2007)

## Buchempfehlungen

Die Reihe *Große Komponisten und ihre Zeit* (erscheint im Laaber Verlag, Laaber)
Die Reihe *Europäische Komponistinnen* (erscheint im Böhlau Verlag, Köln/Weimar)

Bachmann, Ingeborg: *Malina* (Roman). Frankfurt 2006
Baricco, Alessandro: *Hegels Seele oder die Kühe von Wisconsin: Nachdenken über Musik.* München 2006
Bönig, Winfried (Hrsg.): *Musik im Raum der Kirche. Fragen und Perspektiven.* Stuttgart 2007
Brendel, Alfred: *Nachdenken über Musik.* München 2007
Dietel, Gerhard: *Musikgeschichte in Daten.* Kassel 1994
Floros, Constantin: *Der Mensch, die Liebe und die Musik.* Hamburg/Zürich 2000
Gülke, Peter: *Mönche, Bürger, Minnesänger. Die Musik in der Welt des Mittelalters.* Laaber 1998
Harnoncourt, Nikolaus: *Der musikalische Dialog. Gedanken zu Monteverdi, Bach und Mozart.* Kassel 1999.
Krausser, Helmuth: *Melodien* (Roman). Reinbek 2008
Kremer, Gidon: *Zwischen Welten.* München 2004.
Kreutziger-Herr, Annette/Losleben, Katrin (Hrsg.): *History|Herstory: Alternative Musikgeschichten.* Köln/Weimar 2009
Kühn, Clemens: *Kompositionsgeschichte in kommentierten Beispielen.* Kassel 2008
Leeuw, Ton de: *Die Sprache der Musik im 20. Jahrhundert. Entwicklungen, Strukturen, Tendenzen* (mit Audio-CD). Stuttgart 1995
Mann, Thomas: *Wälsungenblut* (Erzählung). Frankfurt 1976
Sacks, Oliver: *Der einarmige Pianist. Über Musik und das Gehirn.* Reinbek 2008

# Bildnachweis

Abb. 1: Bridgeman Art Library; Abb. 2: zitiert nach Heinrich Besseler, Musikgeschichte in Bildern, Band III: Musik des Mittelalters und der Renaissance, Leipzig 1973; Abb.3: akg-images/Erich Lessing; Abb. 4: akg-images; Abb. 5: Karina Seefeld, Forschungszentrum Musik und Gender Hannover; Abb. 6: akg-images; Abb. 7: zitiert nach dem Katalog der Ausstellung im Kulturgeschichtlichen Museum Osnabrück «Christina. Königin von Schweden», 23. November 1997–1. März 1998, Osnabrück 1997 (© Statens Konstmuseer Stockholm); Abb. 8: ullstein-bild – TopFoto; Abb. 9: akg-images; Abb. 10: © Boosey & Hawkes; Abb. 11: ullstein-bild; Abb. 12: akg-images/Rabatti-Domingie; Abb. 13: akg-images; Abb. 14: akg-images/Erich Lessing; Abb. 15: akg-images; Abb. 16: akg-images/Erich Lessing

# Sachregister

# Personenregister

Abbado, Claudio 68, 71
Adam, Adolphe Charles 95
Adams, John Coolidge 93, 107, 111, 112
Alberti, Leon Battista 140
Alsop, Marin 68
Amalia, Anna 101
Amati, Nicola 121
Arezzo, Guido d' 63
Aristoteles 127, 132

Bacewicz, Grazyna 74
Bach, Carl Philipp Emanuel 54
Bach, Johann Christian 54, 107, 111
Bach, Johann Sebastian 14, 18, 27, 30, 31, 32, 33, 48, 49, 54, 70, 75, 79, 99, 100, 103, 106, 108, 111, 114, 116, 135, 140
Bach, Wilhelm Friedemann 54
Bachmann, Ingeborg 86, 139
Bacon, Roger 133
Barenboim, Daniel 68
Barraine, Elsa 104
Barthélémon, Cecilia Maria 51
Bartók, Béla 35, 36, 46, 74, 114, 136
Bauckhold, Carola 52
Bausch, Pina 95
Beach, Amy 106
Beethoven, Ludwig van 14, 27, 32, 36, 37, 38, 46, 47, 48, 57, 61, 62, 73, 74, 78, 100, 104, 106, 107, 108, 109, 110, 136
Bellini, Vincenzo 82
Benni, Stefano 11
Berg, Alban 46, 47, 82
Berio, Luciano 112, 139
Berlioz, Hector 35, 104, 125
Bernstein, Leonard 68, 106
Beyer, Johanna 133
Bieito, Calixto 91
Bizet, Georges 35, 53, 126
Björk 116
Bley, Carla 117

Bloch, Ernst 64
Boethius 132
Boito, Arrigo 85
Bond, Edward 144
Bond, Victoria 69
Boulanger, Nadia 111
Boulez, Pierre 35, 46, 68, 111, 139
Bourdieu, Pierre 115
Bowie, David 116
Brahms, Johannes 25, 32, 35, 59, 74, 105, 111
Brico, Antonia 69
Britten, Benjamin 75
Brosses, Charles de 77
Bruckner, Anton 25, 32, 105
Brunelleschi, Filippo 140
Büchner, Georg 82
Bülow, Hans Guido Freiherr von 84
Burney, Charles 51
Busch, Wilhelm 56
Busoni, Ferruccio 102

Caccini, Giulio 61
Cäcilia 123, 124
Cage, John 46, 139
Callas, Maria 66
Caplet, André 126
Carlos, Wendy 94
Cassiodor 23
Celibidache, Sergiu 78, 79
Chin, Unsuk 52, 81, 82, 111
Chopin, Frédéric 74, 110
Choron, Alexandre-Etienne 44
Christina (Königin von Schweden) 60, 61
Cicero, Marcus Tullius 23
Ciconia, Johannes 53
Cimarosa, Domenico 98
Clarke, Arthur C. 11
Clementi, Muzio 51
Cordier, Baude 135, 136
Corelli, Arcangelo 60, 61
Cranko, John 95
Cristofori, Bartolomeo 119
Crumb, George 134
Czernowin, Chaya 52
Czerny, Carl 58

Danzi, Margarethe 52
Da Ponte, Lorenzo 85
David (König von Juda – Israel) 126, 138
Debussy, Claude 35, 37, 49, 50, 74, 82, 95, 102, 111, 117, 126
Delaunay, Sonia 141
Dia, Beatriz de 42
Diaghilew, Sergej 95
Donatello 140
Dörrie, Doris 90
Dudamel, Gustavo 145
Du Fay, Guillaume 111, 140
Dukas, Paul 111
Dun, Tan 94
Dvořák, Antonín 104, 111, 114

Edwards, Sian 69
Einstein, Albert 106
Eisler, Hanns 107, 143
Eschenbach, Christoph 68
Everding, August 98

Falck, Jeremias 60
Farrenc, Louise 47, 52, 101, 107
Feuerbach, Ludwig 93
Fleisher, Leon 75
Fleming, Renée 58
Forman, Milos 48
Furtwängler, Wilhelm 89

Gabrieli, Giovanni 24
Galilei, Galileo 133
Gershwin, George 126
Glazunow, Alexander 126
Glennie, Evelyn 136
Glinka, Michail Iwanowitsch 86
Goethe, Johann Wolfgang von 93, 106
Goldsmith, Jerry 94
Goto, Midori 58
Gould, Glenn 75, 79
Gregor I. (Papst) 39, 40
Gregor II. (Papst) 40
Guarneri, Giuseppe Antonio 121
Gubaidulina, Sofia 35, 52, 99